JN428072

댕글댕글~

유네스코 자연유산을 읽다

엮은이

이원중

〈딩동~ 도감〉과 〈댕글댕글~〉 시리즈의 기획자이며, 이 시리즈를 펴내는 도서출판 지성사의 대표입니다.

감수

박시룡

선생님은 경희대학교에서 생물학을 전공하고, 독일 본 대학교에서 동물행동학으로 박사 학위를 받았습니다.
한국교원대학교 생물교육과 교수와 한국황새생태 연구원장을 지냈습니다.
지금은 황새 박사로 변함없이 황새 복원 활동을 벌이고 있으며, 어린이와 어른을 위한 다양한 동물 관련 책을 쓰고, 감수와 번역에도 참여하고 있습니다. 한국교원대학교 생물교육과 명예교수로 KBS-1TV 〈동물의 왕국〉의 내용 감수를 맡고 있습니다.
지은 책으로는 《황새, 자연에 날다》, 《동물행동학의 이해》, 《와우 우리들의 동물 친구》 등이 있습니다.

댕글댕글~
유네스코 자연유산을 읽다

초판 1쇄 발행일 2025년 12월 18일

엮은이 이원중
감　수 박시룡
펴낸이 이원중

펴낸곳 지성사 **출판등록일** 1993년 12월 9일 **등록번호** 제10－916호
주소 (03458) 서울시 은평구 진흥로 68, 2층
전화 (02) 335－5494 **팩스** (02) 335－5496
홈페이지 www.jisungsa.co.kr **이메일** jisungsa@hanmail.net

ISBN 978-89-7889-568-2 (73470)

잘못된 책은 바꾸어드립니다. 책값은 뒤표지에 있습니다.

⚠ 주의 사항 : 책장에 손을 베이지 않게, 책 모서리에 다치지 않게 주의하세요.

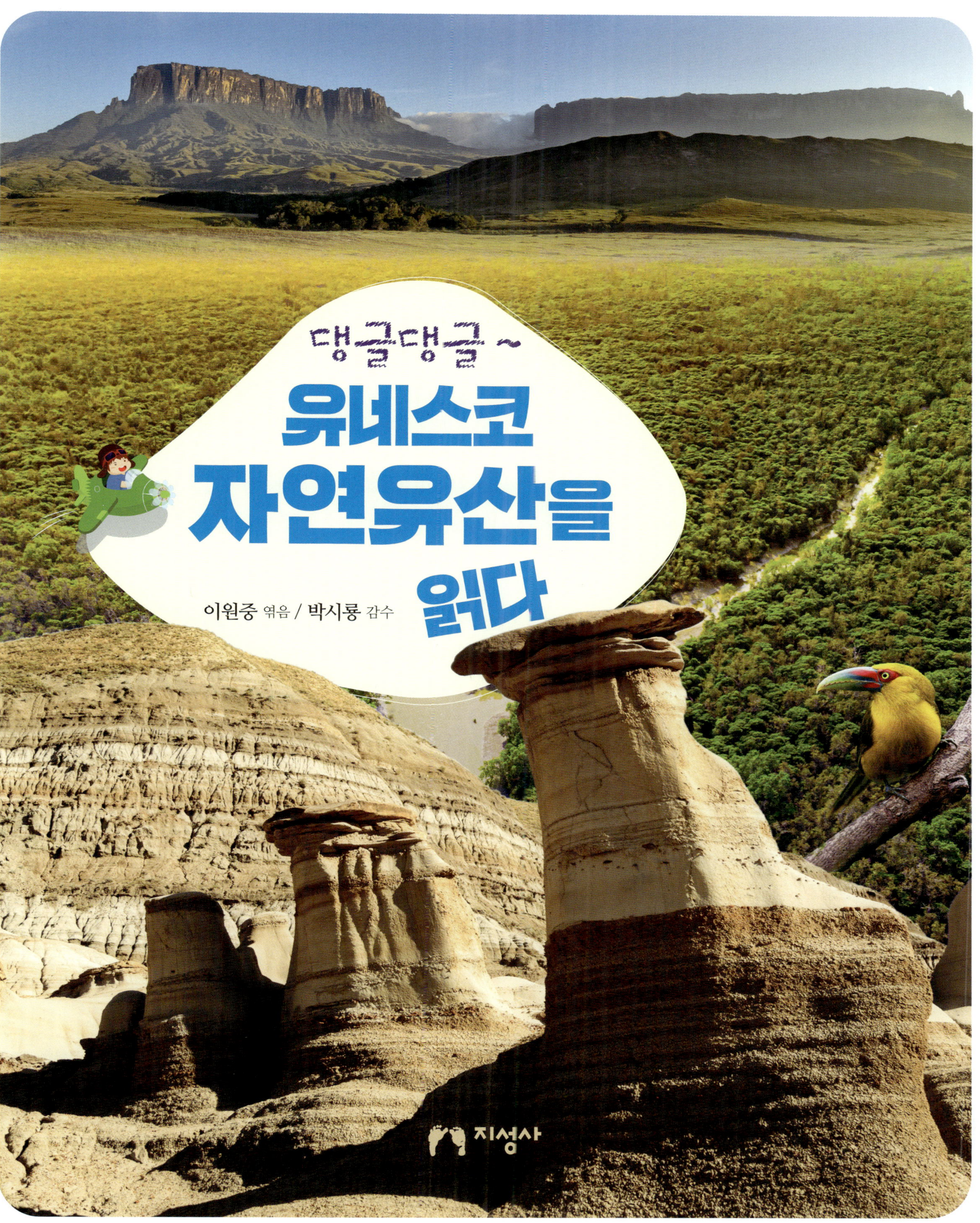
댕글댕글 ~
유네스코
자연유산을
읽다
이원중 엮음 / 박시룡 감수
지성사

유네스코(UNESCO: United Nations Educational, Scientific and Cultural Organization)는 1945년에 창설된 국제연합(UN)의 교육 · 과학 · 문화 · 정보 전문기구입니다. 국가 간의 교육, 과학 그리고 문화 교류를 통한 국제 협력을 촉진함으로써 평화와 지속가능한 발전에 기여하는 것을 목적으로 합니다. 우리나라는 1950년 유네스코에 가입하였으며, 한국위원회는 1954년에 설치되었습니다.

유네스코는 인류의 소중한 문화와 자연유산을 보존하고 관리하기 위해 세계유산을 비롯해 민속과 전통 따위의 무형(무형문화재)을 보존하는 인류무형문화유산, 기록물을 보호하고 관리하는 세계기록유산으로 나누어 지정하고 있습니다. 세계유산에는 인류 보편적이며 역사적으로 중요한 가치를 지닌 문화유산, 지구의 역사를 품고 있는 자연유산 그리고 이 두 가지 성격을 포함하고 있는 복합유산이 있습니다.

유네스코에서 정의하는 세계유산은 다음과 같습니다.

자연유산

무기적 또는 생물학적 생성물들에서 이루어진 자연의 기념물로서 관상상 또는 과학상 탁월한 보편적 가치가 있는 것. 지질학적, 지문학적(地文學的) 생성물과 이와 함께 위협에 처해 있는 동물과 생물의 종의 생식지와 자생지로 특히 일정 구역에서 과학상, 보존상, 미관상 탁월한 보편적 가치가 있는 것. 과학, 보존, 자연미의 시각에서 볼 때 탁월한 보편적 가치를 주는 정확히 드러난 자연 지역이나 자연 유적지

문화유산

기념물: 기념물, 건축물, 기념 조각과 회화, 고고 유물과 구조물, 금석문, 혈거 유적지와 혼합 유적지 가운데 역사, 예술, 학문적으로 탁월한 보편적 가치가 있는 유산

건조물군: 독립되었거나 또는 이어져 있는 구조물들로 역사상, 미술상 탁월한 보편적 가치가 있는 유산

유적지: 인공의 소산 또는 인공과 자연의 결합 소산과 고고 유적을 포함한 구역에서 역사상, 관상상, 민족학상 또는 인류학상 탁월한 보편적 가치가 있는 유산

복합유산

문화유산과 자연유산의 특징을 동시에 충족하는 유산

자연유산은 인류가 지켜야 할 보물입니다. 우리가 보전해야 할 자연유산에는 무엇이 있는지 알리는 것이 이 책의 목적이며, 곁들여 그곳의 자연 풍경과 동식물을 소개합니다. 자연유산의 위치는 유산을 품고 있는 나라의 지도 위에 간략하게 표시한 것일 뿐, 정확한 지리적 좌표는 아닙니다. 또한 자료의 양이 많고 적음이 유산의 중요도를 나타낸 것은 아니며, 다만 구할 수 있는 자료나 편집의 다양성을 고려한 것입니다.

자연유산에서 소개하는 동식물은 그곳에서 살아가는 종이며, 일부 종은 비교하기 위해 곁들여 소개했습니다. 유산에서만 보이는 고유종도 있지만, 다른 지역에서도 발견되는 종도 있습니다.

각양각색으로 존재하는 인류의 자연유산과 더불어 '우리나라 자연'에 대한 관심을 부탁드립니다. 우리만의 독특한 유산이 우리 주변에 다양하게 자리하고 있습니다. 단지 우리가 관심을 갖지 않아서 모를 뿐이지요. 자연을 잘 가꾸고 지킨다면 우리 국토 전체가 세계유산이 아닐까 합니다. 이 책에 소개하는 내용은 '유네스코한국위원회(http://heritage.unesco.or.kr)'와 '유네스코 세계유산 목록(https://whc.unesco.org/en/list)에 실린 자료를 기초로 했습니다.

이 책에 실린 정보는 조각조각의 내용으로 꾸며져 있습니다. 그렇기에 인류와 함께한 자연의 변화와 보전 가치를 이해하려면 환경에 적응하며 변화한 흔적들을 찬찬히 따라가면서 맥락을 읽고 이해해야 합니다. 이런 관점에서 보면 이 책의 흩어져 있는 이야기들은 가치가 없을 수도 있습니다. 이 책의 이야기가 나름의 가치를 가지려면 독자 여러분의 관심이 중요합니다.

다시 말해, 이 책에서 제공하고자 하는 것은 '계기'입니다. 여러분이 어떤 것에 관심을 가지고 살펴보기 시작하는 것에 의미가 있다는 뜻입니다. 이 책의 조각 정보들은 결국 서로 연결되어 있습니다. 하나하나를 읽다 보면 앞뒤 정보가 종합적으로 이해될 것입니다. 이 책이 지닌 장점이라고 할 수 있습니다. 따로따로 읽은 정보가 결국 하나로 연결되어 이해되는 순간의 즐거움!

이 책은 여러분이 지식 여행을 떠나기까지의 결심을 이끌어 주는 역할이 전부입니다. 수천 년의 시간을 거쳐 자연이 만들어 낸 것을 책 한 권으로 완벽하게 담아낼 수는 없습니다. 여러분이 차분하게 관심을 가지고 하나씩 알아갈 때 비로소 온전하게 이해할 수 있는 이야기로 완성이 될 것입니다.

독자 여러분이 만들어 낼 완결편 이야기를 기대합니다.

| 일러두기 |

유네스코 세계유산 가운데 자연유산을 가려 뽑아 가나다순으로 정리했습니다.

본문에 실린 다양한 생물의 멸종위기 표시는 국제자연보전연맹(IUCN) 〈적색 목록(Red List)〉에서 정한 위기 등급을 그대로 따랐습니다. 위기 등급에서 멸종에 가까워 상황이 최악인 '절멸'이나 '야생 절멸' 단계가 있지만, 이 책에서는 생물의 멸종위기 단계를 '위급, 위기, 취약' 단계와 '취약근접' 단계까지만 밝혔습니다.

IUCN 〈적색 목록〉이란?

먼저, IUCN이란 영어 이름 'International Union for Conservation of Nature'에서 각 단어의 앞 글자를 따서 표기한 것이며, 우리말로 풀이하면 '국제자연보전연맹'이라고 합니다. 1948년 국제자연보존연맹(IUPN)에서 출발하여 1956년 국제자연보전연맹(IUCN)으로 이름을 바꾸었고, 지금까지 활발하게 활동하고 있는 세계 최대 규모의 환경 단체입니다.

IUCN의 사명은 "전 세계 사람들이 자연을 보존하고 천연자원의 사용이 공평하고 생태학적으로 지속할 수 있게 하고 북돋아 주고 지원하는 것"입니다. ICUN는 이러한 사명을 실천하기 위한 한 방법으로, 과학적인 조사와 연구를 토대로 하여 전 세계를 아우르는 지구 생물 다양성의 건강 상태를 나타내는 중요한 지표이자 생물종의 상태에 관한 정보가 담긴 〈적색 목록(또는 멸종위기종 적색 목록)〉을 펴내고 있습니다.

멸종위기에 놓인 세계 야생 생물종이 실린 〈적색 목록〉은 지구상의 생물 다양성 규모와 중요성에 대한 관심을 이끌어 내어 각 나라를 비롯해 국제 정책과 의사 결정에 영향을 미치고, 생물 다양성을 보전하기 위한 다양한 대책을 세워 이를 실천하도록 이끕니다. 지금까지 157,100종 이상의 종이 IUCN 〈적색 목록〉에 평가되었습니다.

IUCN 〈적색 목록〉에서는 생물종의 상태를 다음과 같이 9가지로 나눕니다.

절멸(Extinct, EX) 여기에 속한 종은 더 이상 지구상에 존재하지 않음

야생 절멸(Extinct in the wild, EW) 야생에서는 멸종되었지만, 인간의 사육과 재배를 받는 야생보호구역, 동물원 등 인위적인 서식지에서 생존

위급(Critically endangered, CR) 매우 위급한 멸종위기 상태

위기(Endangered, EN) 야생에서 멸종 위협이 매우 높으며, 멸종위기에 대한 다섯 가지 기준 가운데 하나에 해당

취약(Vulnerable, VU) 다섯 가지 기준 가운데 하나에 해당하며, 생존 위협과 번식 환경이 좋아지지 않으면 멸종 위험이 높음

준위협(Near threatened, NT) 가까운 미래에 멸종위기에 놓일 수 있음

최소 관심(Least concern, LC) 야생에 개체수가 많아 가까운 미래에 멸종위기나 멸종될 상태에 놓이지 않음

정보 부족(Data deficient, DD) 멸종 위험에 관한 평가 자료가 부족함

평가되지 않음(Not evaluated NE) 아직 평가 작업을 거치지 않음

IUCN 〈적색 목록〉에서 '위급(CR)' '위기(EN)', '취약(VU)'을 합해 '멸종 우려(또는 멸종 위협, threatened)'라고 합니다.

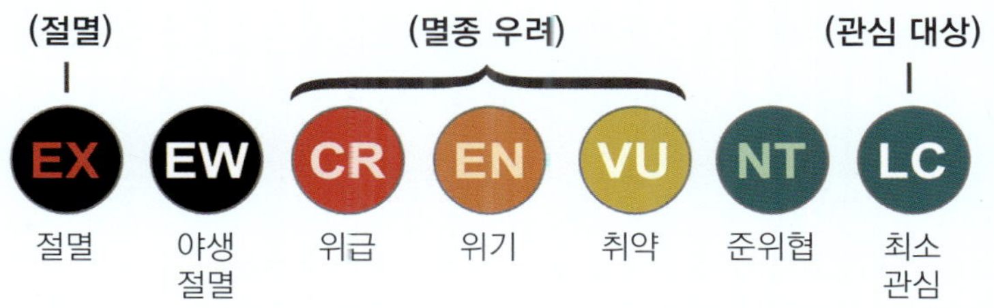

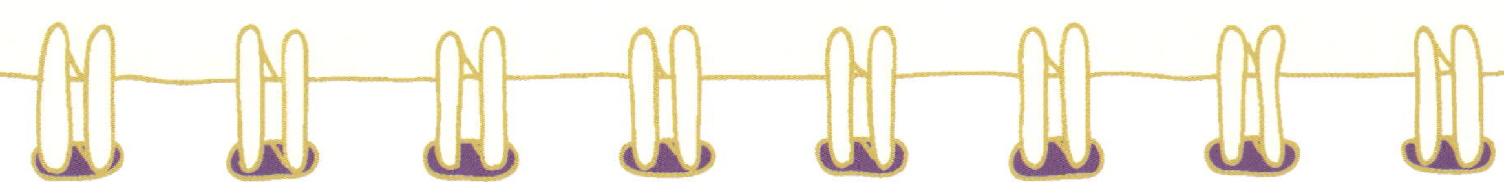

용어 정리

거초(fringing reef) 섬이나 대륙과 가까운 얕은 바다에서 육지를 둘러싸듯 발달하는 가장 단순한 형태의 산호초

고유도 어떤 생물이 특정한 지역에서 사는 정도를 가리키며, '고유성'이라고도 한다.

관목 보통 사람의 키보다 작고, 원줄기와 가지의 구별이 뚜렷하지 않으며 밑동에서 가지를 많이 치는 나무(예: 무궁화, 진달래 따위)

관다발식물 물의 통로인 물관과 영양분의 통로인 체관으로 이루어진 관다발 조직이 있는 양치식물과 종자식물을 일컫는다. 양치식물은 꽃이 피지 않고 홀씨로 번식하며, 종자식물은 꽃이 있고 열매를 맺으며, 씨로 번식하는 식물로 겉씨식물과 속씨식물로 나뉜다.

남빙양 남극 대륙을 둘러싼 남위 50도에서 70도에 이르는 해역

맨틀(mantle) 지구의 지각(지구를 구성하는 가장 바깥쪽의 단단한 암석층)과 핵 사이에 있는 암석층으로 지구 전체 부피의 약 83퍼센트를 차지하며, 깊이 약 30킬로미터에서 약 2,900킬로미터까지를 가리킨다.

맹그로브 아열대나 열대의 해변이나 민물과 바다가 만나는 지역(기수역)의 소금기가 있는 습지에서 자라는 나무

백악 플랑크톤이나 그 밖에 미세한 해양생물의 파편(껍데기)이 바다 깊은 바닥에 쌓여서 굳어진 석회암의 한 형태이다. 부드럽고 부서지기 쉬우며, 흰색 또는 연한 노란색을 띤다.

범람원 하천 주변의 평평한 지형이며, 홍수로 하천이 주기적으로 넘쳐 물에 잠기는 낮은 지대를 가리킨다.

보초(barrier reef) 육지에서 벗어나 해안을 따라 육지를 둘러싸듯 넓게 퍼져 발달한 산호초로, 먼바다에서 밀려오는 쓰나미나 폭풍 해일로부터 해안을 보호한다.

빙모 '빙관'이라고도 한다. '얼음 모자'라는 뜻이다. 육지를 덮고 있는 5만 제곱킬로미터(서울의 약 83배) 미만의 빙하 덩어리를 가리킨다. 육지를 덮고 있는 빙하 덩어리가 5만 제곱킬로미터 이상이면 '빙상(ice-sheet)'이라고 한다.

사바나(savannah) 적도와 적도 부근에 자리하는 열대초원으로, 건기(건조한 시기)와 우기(비가 오는 시기)가 뚜렷하게 나뉜다.

산림 나무가 나고 자라는 산이나 숲

산호초 산호충의 골격과 분비물인 탄산칼슘($CaCo_3$)이 쌓여 이루어진 구조물

삼각주 물의 흐름이 빠른 하천의 중·상류에서는 흙과 모래가 쉽게 운반되지만 하천의 하류, 특히 바다와 만나는 하구 부근에서는 물의 흐름이 느려져 오랫동안 흙과 모래가 하구에 집중적으로 쌓여 평야를 이룬 곳을 가리킨다. 영어로 '델타(delta)'라고 하며, 그 모양이 그리스 문자 Δ(델타)와 비슷하게 생겨서 붙인 이름이지만 실제로 삼각형 모양으로 이루어진 삼각주는 드물다. 따라서 하천 하구에 퇴적 지형이면 모두 삼각주라고 한다.

삼림 나무가 많이 우거진 숲

서식지 생물 따위가 일정한 곳에 자리를 잡고 사는 곳으로, '서식처'라고도 한다.

석호 바다가 육지로 파고들어 온 곳에 파도에 밀려온 모래가 쌓여 입구를 막으면서 만들어진 호수. 우리나라에는 강원도 강릉의 경포호와 속초의 영랑호 등이 있다.

석회암 해양 동물의 뼈나 조개, 소라의 껍데기 따위가 쌓여서 만들어진 퇴적암이며 주성분은 탄산칼슘이다. 흰색과 갈색, 회색 따위로 여러 색을 띤다.

스텝(steppe) 온대 기후 지역의 50센티미터 이하인 풀이 자라는 초원지대로, 강수량은 연간 250~500밀리미터이다.

식물구계 세계 각지의 식물상을 비교하여 각각의 특징을 갖는 몇 개의 지역으로 분류한 구역을 말한다. 식물구계는 생태적인 기후 조건보다 그 지역의 지구 역사에 영향을 받는 곳이 많다. 예를 들면 열대우림이라도 말레이와 남아메리카에서는 식물상의 구성 요소가 전혀 달라 별개의 식물구계로 다룬다. 식물구계는 전북(북아메리카, 유럽, 한반도를 포함한 북아시아) 식물구계, 구열대(아프리카, 동남아시아 등) 식물구계, 신열대(남아메리카, 중앙아메리카 등) 식물구계, 오스트레일리아(오스트레일리아, 뉴질랜드, 뉴기니 일부) 식물구계, 케이프(남아프리카공화국 최남단) 식물구계, 남극(남극 대륙) 식물구계 등 6개로 구분한다.

식물상 특정 지역에서 자라는 식물의 모든 종류로, 식물학적 지역 조사나 식물 지리학의 기본이 된다.

식생 어떤 일정한 장소에서 모여 사는 특유한 식물의 집단

아종 같은 종이지만 사는 곳이나 환경에 적응하는 것이 달라 형태가 다른 경우를 가리킨다. 별개의 종으로 독립할 만큼 차이가 크지는 않지만, 변종으로 하기에는 다른 점이 많은 한 무리의 생물이다.(예: 호랑이의 아종으로 벵골호랑이, 시베리아호랑이, 남중국호랑이, 수마트라호랑이, 인도차이나호랑이, 말레이호랑이 6종이 있다.)

암초 물 위에 드러나지 않고 물속에 잠겨 보이지 않는 바위나 산호초 ≒ 숨은바위

아열대우림 열대와 온대 사이의 지대로, 여름에는 기온이 높고 겨울에는 극단적으로 기온이 내려가지 않는 지대. 1년 강수량이 1,300밀리미터 이상에서 발달하는 상록활엽수림

열대림 열대(가장 추운 달의 평균 기온이 섭씨 18도 이상인 기후) 지역의 숲

온대림 사계절이 뚜렷한 온대지방의 우거진 숲

조간대 바닷물이 가장 높은 해수면까지 꽉 차게 밀려드는 찬물때(만조)의 해안선과 바닷물이 빠져나가 해수면이 가장 낮은 간물때(간조)의 해안선 사이를 가리킨다. 찬물때는 바닷물에 잠기고 간물때에는 공기중에 드러나는 부분이다.

침식작용 바람, 물, 눈, 얼음 등의 작용으로 지표의 암석이 깎이는 현상

카르스트(karst) 석회암 등 물에 녹기 쉬운 암석으로 이루어진 대지가 빗물 등으로 녹아 깎여서 생겨난 지형

칼데라(caldera) 강렬한 화산 폭발로 화산의 분화구 주변이 무너지거나 주저앉아 지름이 1킬로미터 넘게 대규모로 우묵하게 패인 곳을 가리킨다. 칼데라는 보통의 화구보다 크고 바닥이 무척 넓은 평지, 곧 분지 형태를 띤다. 칼데라는 스페인어에서 비롯된 말로 '큰 솥'이나 '냄비'를 뜻한다. 우리나라의 유명한 칼데라는 울릉도 '나리분지'가 있다.

툰드라(tundra) 1년 내내 추운 지역에서 볼 수 있는 평평하고 드넓은 땅으로, 땅속까지 꽁꽁 얼어붙어 있다. 짧은 여름 동안 기온이 영상으로 오르면 땅 표면을 덮고 있는 눈과 얼음이 녹으면서 땅속으로 스며들지 못해 웅덩이를 이룬다. 이곳에 풀이나 이끼류 따위가 자란다.

피오르(fjord) 빙하로 채워진 골짜기에 빙하가 녹아 사라지면 그 자리를 바닷물이 들어와 채운 지형이며, 보통 바닷물이 내륙 깊숙이 들어와 이루어진 좁고 긴 만을 말한다.

헥타르(hectare, 기호 ha) 1헥타르는 가로 100미터, 세로 100미터의 넓이(면적)로, $1ha=10,000m^2=0.01km^2$. 본문에서는 각 유산의 넓이를 가늠할 수 있게 서울시 넓이와 비교한다. 참고로 서울시의 넓이는 60,502ha($605.02km^2$)이다.

환초(ring reef) 고리 모양의 산호초로, 산호초로 둘러싸인 섬이 해수면 아래로 완전히 가라앉으면서 안쪽은 석호가 발달하고 바깥쪽은 큰 바다와 닿아 있다.

※ 〈용어 정리〉에 실린 낱말은 본문에 굵은 글자체로 표기했습니다.
※ 본문에 표기한 기울어진 글자체(이탤릭체)는 학술적으로 전 세계 에서 공통으로 쓰이는 생물의 공식적인 이름(학명)입니다.
※ 각 나라의 지역 이름은 주로 국립국어원의 외래어 표기법에 따랐습니다.

차례

1부
자연유산
72곳을 찾아서

갈라파고스 제도

Galápagos Islands

국가: 에콰도르(Ecuador)

위치: 갈라파고스주(Province of Galapagos)의 산크리스토발(San Cristobal), 산타크루스(Santa Cruz), 이사벨라(Isabela)

유산 면적: 14,066,514ha(서울의 약 232배) **등재 연도:** 1978년(2001년 지역 확장)

갈라파고스 제도의 풍경

갈라파고스 제도는 남아메리카 대륙에서 약 1,000킬로미터 떨어진 태평양에 19개의 화산섬과 수많은 **암초**로 이루어진 섬이며, 제도(諸島)란 '여러 섬'을 뜻합니다. 이 섬들과 주변의 해양자원 보호구역은 '살아 있는 박물관과 진화의 전시장'이라고 할 만큼 매우 독특한 해양 생태계를 이루고 있습니다. 페루 북부에서 올라와 적도로 향하는 차가운 바닷물인 페루 해류(또는 훔볼트 해류Humboldt Current)와 따뜻한 열대 바닷물이 만나 뒤섞이면서 플랑크톤과 영양분이 풍부하여 해양생물의 보물창고로도 알려졌습니다.

지금도 지진과 화산활동이 계속 진행되고 있어 이 섬들이 어떤 과정을 거쳐 생겨났는지를 엿볼 수 있습니다. 이러한 활동 과정과 함께 다른 섬들과 멀리 떨어져 있는 환경에 따라 이 섬에서만 적응하여 살아가는 독특하고도 희귀한 고유종이 많습니다. 예를 들면 육지이구아나, 갈라파고스땅거북, 많은 핀치(Finch) 종류가 있습니다.

영국의 생물학자이자 지질학자인 찰스 다윈(Charles Darwin, 1809~1882년)은 1835년에 이 섬을 찾아왔고, 이곳에서 만난 생물들은 다윈이 자연선택에 의한 진화론을 주장하는 데 큰 영감을 주었습니다.

1. 갈라파고스땅거북(Galápagos tortoise) 육지 거북으로 무게는 최대 417킬로그램, 몸길이는 최대 1.3미터까지 자랍니다. 먹이나 신선한 물 없이 6개월까지 살 능력이 있다고 해요. 멸종위기 취약 단계

2. 산타페육지이구아나(Santa Fe land iguana) 갈라파고스 제도 산타 페섬의 고유종입니다. 갈라파고스육지이구아나와 비슷하지만 몸이 더 옅은 노란색을 띠며, 주둥이가 더 길고 가늘며 등뼈 가시가 더 뚜렷합니다. 멸종위기 취약 단계

3. 갈라파고스육지이구아나(Galapagos land iguana, 학명 *Conolophus subcristatus*) 갈라파고스 고유종으로 최근의 분류학 조사에 따르면 세 가지 종이 있습니다. 갈라파고스육지이구아나와 갈라파고스분홍육지이구아나(Galapagos pink land iguana, 멸종위기 위급 단계), 산타페육지이구아나입니다. 학명의 서브크리스타투스(*subcristatus*)는 라틴어 'sub(작다)'와 'cristatus(볏이 있는)'에서 비롯되었으며, 이는 녹색이구아나(Green iguana)만큼이나 등을 따라 나 있는 볏이 길지 않고 짧은 것을 가리킵니다. 멸종위기 취약 단계

▲ 푸른발부비새(Blue-footed Booby) 가마우지에 속하는 6종 중의 하나로, 암컷이 수컷보다 조금 더 큽니다. 수컷은 짝짓기 때가 되면 암컷 앞에서 으스대며 발을 위아래로 들어 올려 자신을 한껏 드러내는 행동을 합니다. 나이가 들수록 푸른색이 점점 어두워지며, 암컷은 밝은 푸른색을 더 좋아한다네요. 번식을 하는 모든 푸른발부비새의 절반이 갈라파고스에서 둥지를 튼다고 합니다.

▲ 갈라파고스가마우지(Flightless cormorant)와 바다이구아나(앞쪽) 갈라파고스가마우지는 갈라파고스 제도의 고유종이며, 비행 능력을 잃은 유일한 가마우지라는 점에서 독특합니다. 멸종위기 취약 단계

1	2
3	4

1. 갈라파고스붉은게(*Grapsus grapsus*) 아메리카 대륙 서쪽 해안을 따라 갈라파고스 제도를 포함한 주변 섬에서 흔하게 볼 수 있습니다. '붉은바위게(Red rock crab)'로도 알려졌으며, 성체의 몸 색은 매우 다양합니다. 일부는 옅은 갈색빛을 띤 붉은색이고, 일부는 얼룩덜룩하거나 점무늬가 있는 갈색, 분홍색 또는 노란색이지요.

2. 에스파놀라 선인장핀치(Española cactus finch), 3. 선인장핀치(*Geospiza scandens*), 4. 오푼티아(*Opuntia*) 에스파놀라 선인장핀치는 갈라파고스 고유종으로 약간 어두운 색을 띱니다. 부리가 더 작고 가느다란 선인장핀치와 비슷하지만 두 종은 어떤 섬에서든 함께 살지 않는다고 합니다. 에스파놀라 선인장핀치는 주로 오푼티아를 먹습니다. 오푼티아는 '가시배선인장(Prickly pear cactus)'으로도 불립니다. 사진에서처럼 붉은 열매는 맛이 좋다고 해요. 멸종위기 취약 단계

그랜드캐니언 국립공원
Grand Canyon National Park

국가: 미국(United States of America)
위치: 애리조나주의 코코니노와 모하브 카운티(Counties of Coconino and Mohave in the State of Arizona)
유산 면적: 493,077ha(서울의 약 8배) **등재 연도:** 1979년

말발굽처럼 굽은 형태로 흐르는 콜로라도강(Colorado river) 길이 2,330킬로미터로 미국에서 다섯 번째로 긴 강이며, 미국 7개 주와 멕시코 2개 주에 걸쳐 있는 광활하고 건조한 지역을 흘러갑니다. 콜로라도는 스페인어로 '붉은색'을 뜻합니다.

콜로라도강이 흐르면서 주변 암석을 깎아 내 이루어진 그랜드캐니언은 깊이가 약 1,500미터입니다. 이곳은 세계에서 가장 경관이 뛰어난 골짜기일 뿐만 아니라 지구의 진화 역사를 간직하고 있어 지질학적으로도 매우 중요합니다. 전망대에서 내려다보면 평원, 사막, 개울, 둔덕(가운데가 솟아서 불룩하게 언덕이 진 곳) 따위가 마치 거대한 산맥으로 보일 만큼 놀라운 풍경을 자랑합니다. 계절의 변화에 따라 **침식작용**이 끊임없이 이루어지면서 골짜기와 하천 곳곳에 만들어진 폭포와 물살이 무척 인상적입니다.

이 국립공원에는 1,000종이 넘는 식물 종이 살고 있음이 확인되었으며, 그 가운데 11종의 식물이 미국법에 따라 위기종으로 등록되었습니다. 포유동물(젖먹이동물) 76종, 조류(새) 299종, 파충류(피부는 표피가 변한 비늘로 덮여 있으며 거북, 악어, 도마뱀 등으로 기어 다니는 동물)와 양서류(물과 뭍 양쪽에서 사는 동물) 41종이 사는 것으로 확인되었고, 어류(물고기) 16종이 콜로라도강 본류와 지류에 살고 있습니다.

북아메리카에 최초로 인간이 거주한 것으로 알려진 고대 문화의 증거가 있는 이 공원은 2,600개 이상의 선사시대(인류의 역사 기록이 시작되기 이전의 시대) 유적을 간직하고 있는 것으로 보고되었습니다.

▲ 모뉴먼트밸리(Monument Valley) 바위산이 마치 기념비(모뉴먼트)가 줄지어 있는 것 같은 경관에 빗대어 붙인 이름입니다.

▼ 케이프 로열 포인트(Cape Royal Point) 노스림(North Rim)에 있는 유명한 전망대로 그랜드캐니언의 드넓은 풍광을 한눈에 볼 수 있습니다. 사우스림(South Rim)은 그랜드캐니언을 가운데 두고 노스림과 서로 마주 보는 지역으로 노스림이 사우림보다 해발고도가 높다고 하며, 두 지역까지 차로 운전하면 약 4.5시간이 걸리고, 거리는 350킬로미터가 넘습니다.

▲ 파월 포인트(Powell Point) 콜로라도강을 따라 최초로 탐험 여행을 한 지질학자 존 웨슬리 파월의 이름을 딴 전망대로 사우스림에 있습니다.

▲ 하바수 폭포(Havasu Falls) 하바수파이(Havasupai) 부족이 사는 곳에 있습니다. 하바수파이는 '청록색 물(Havasu)'과 '사람(pai)'을 뜻하며, 이들은 적어도 지난 800년 동안 그랜드캐니언에서 살던 아메리카 원주민이라고 하지요.

▲ 로키마운틴엘크(Rocky Mountain Elk) 로키마운틴엘크는 엘크(또는 와피티사슴Wapiti)의 아종입니다. '와피티'는 '흰 엉덩이(를 가진 사슴)'를 뜻하는 말에서 따온 것으로 엉덩이 부분이 밝은색입니다. 여름에는 붉은빛을 띤 갈색 털이 더 밝아지며, 대체로 머리 쪽은 어두운 색이지만 몸색은 더 밝은색을 띠는 것이 특징입니다. 수컷만 뿔이 있습니다.

그레이트 배리어 리프

Great Barrier Reef

국가: 호주(Australia)
위치: 퀸즐랜드 본토 북동쪽 해안(Off the east coast of the Queensland mainland)
유산 면적: 34,870,000ha(서울의 약 576배) **등재 연도:** 1981년

태평양
인도네시아
인도네시아
파푸아뉴기니
그레이트 배리어 리프
호주
뉴질랜드

산호초가 있는 풍경

이곳은 호주 북동쪽 해안에 있는 매우 다양하고 아름다운 **산호초** 지역입니다. 몸 표면에 자포라는 독특한 세포가 있어 먹이나 포식자와 접촉하면 독이 있는 용수철 모양의 촉수를 쏘아 해를 입히는 동물을 자포동물이라고 하며, 산호는 이 자포동물에 속합니다. 산호는 개별 생물 이름이 아니라 자포동물에 속하는 산호를 모두 아우르는 이름입니다. 산호초(coral reef)는 산호의 뼈와 분비물인 탄산칼슘이 퇴적되어 이루어진 지형입니다.

그레이트 배리어 리프는 세계 최대의 산호초 지대로, 길이 2,300킬로미터가 넘으며 약 2,900개의 개별 산호초와 900개가 넘는 섬으로 이루어진, 생물이 만든 세계에서 가장 큰 단일 구조물입니다. '배리어 리프(보초)'는 바다에서 항해하는 선박이나 파도가 해안에 이르지 못하게 해안선을 보호하는 산호초가 모여 있는 곳을 가리킵니다.

이곳에는 산호 400여 종과 30종의 고래, 듀공도 많이 살고 있습니다. 또한 1,500종 이상의 물고기가 살고 있으며, 바다뱀도 흔하게 발견됩니다. 파푸아뉴기니(Papua New Guinea)까지 뻗은 산호초는 모양과 크기가 다양한 각각의 산호로 이루어졌습니다. 여기에는 760개의 **거초**가 포함되며, 면적이 1**헥타르**(ha, 1ha=10,000m^2) 미만에서 1만 헥타르가 넘는 것까지 있습니다. 모양도 매우 다양하여 세계에서 가장 멋진 풍경을 보여 줍니다.

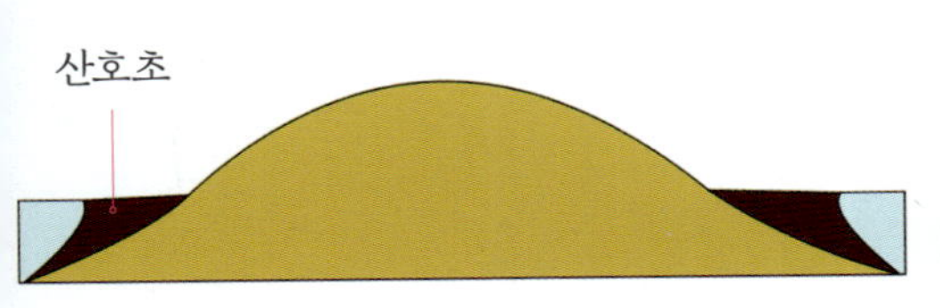

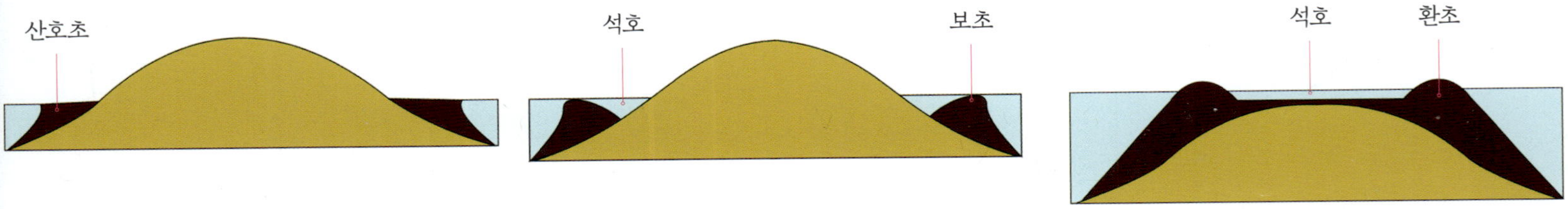

석호

보초

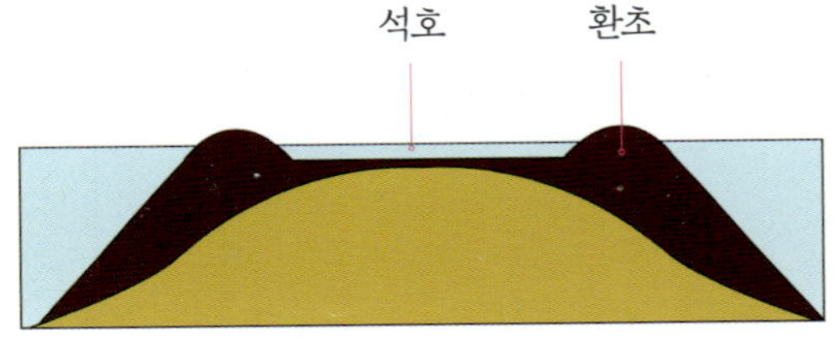

산호초의 발달 과정 거초→보초→환초

거초(fringing reef)
섬이나 육지를 둘러싸듯이 육지에 이어 닿아 발달하는 가장 단순한 형태의 산호초

보초(barrier reef)
육지에서 멀리 벗어나 해안을 따라 둥근 모양으로 발달한 산호초

환초(ring reef, atoll)
둥근 반지 모양으로 이루어진 산호초로, 산호초로 둘러싸인 섬이 해수면 아래로 완전히 가라앉으면서 생성

▲ 산호와 물고기

▶ 연산호와 경산호가 어우러진 아름다운 산호 군락(동그라미 사진) 연산호(soft coral)는 말랑한 부드러운 산호로 물속에서 바위나 다른 산호 위에 붙어서 살아갑니다. 예쁜 색이 많습니다. 반면 경산호(hard coral)는 딱딱한 산호로 구조가 튼튼하며 바닷속 암초를 이룹니다.

▲ 푸른바다거북(Green sea turtle) 전 세계 바다거북 7종 가운데 6종이 살고 있으며, 세계에서 가장 많은 푸른바다거북이 사는 곳입니다. 거북 이름에 붙은 '푸른(green)'은 거북의 등딱지 색이 아니라 이 거북이 주로 해초(바다풀)를 먹어 등딱지 아래의 지방이 녹색으로 나타나기에 붙인 이름입니다. 멸종위기 위기 단계

빗질양쥐돔(*Acanthurus lineatus*)(동그라미) 학명 '아칸투루스'에서 '아칸(Acan)'은 '가시'를 뜻하고, 날카로운 가시가 외과의사의 수술용 칼 같다고 해서 이 무리의 영어 이름은 '서전피시(Surgeonfish, 외과의사물고기)'라고 합니다. '리네아투스'는 '줄무늬가 있는' 종이라는 뜻이지요. 이 친구는 몸에 노란색과 검은색 줄무늬가 있고, 꼬리 쪽 줄무늬(꼬리자루) 가운데에 마치 상처가 난 것처럼 보이는 부분의 가시에 독이 있다고 합니다. 영어 이름은 대표적으로 '줄무늬 서전피시(Lined surgeonfish)'라고도 합니다.

▲ 왼쪽부터 가시왕관불가사리, 해바라기불가사리, 나팔고둥 가시왕관불가사리(또는 악마불가사리, Crown-of-thorns starfish)는 불가사리 중에서 해바라기불가사리(Sunflower sea star, 멸종위기 위급 단계) 다음으로 크다고 하며 가시에 독이 있습니다. 무시무시한 이 불가사리에게도 천적이 있는데 바로 나팔고둥입니다. 이 불가사리는 산호를 먹는 것으로 알려졌지만, 사실은 불필요하게 자란 산호를 먹어 전체적으로 균형을 이루게 하는 역할을 한다고 합니다. 오히려 사람들이 나팔고둥을 닥치는 대로 잡는 바람에 천적이 사라진 세상에서 비정상적으로 많아진 가시왕관불가사리가 산호를 죄다 먹어 치워 문제가 된다고 하지요. 나팔고둥(*Charonia lampas*)은 최대 30센티미터까지 자란다고 하며, 나팔고둥의 껍데기는 지금도 악기로 사용됩니다.

나미브 모래 바다 Namib Sand Sea

국가: 나미비아(Namibia)
위치: 나미브-나우클루프트 국립공원(Namib-Naukluft National Park)
유산 면적: 3,077,700ha(서울의 약 51배) **등재 연도:** 2013년

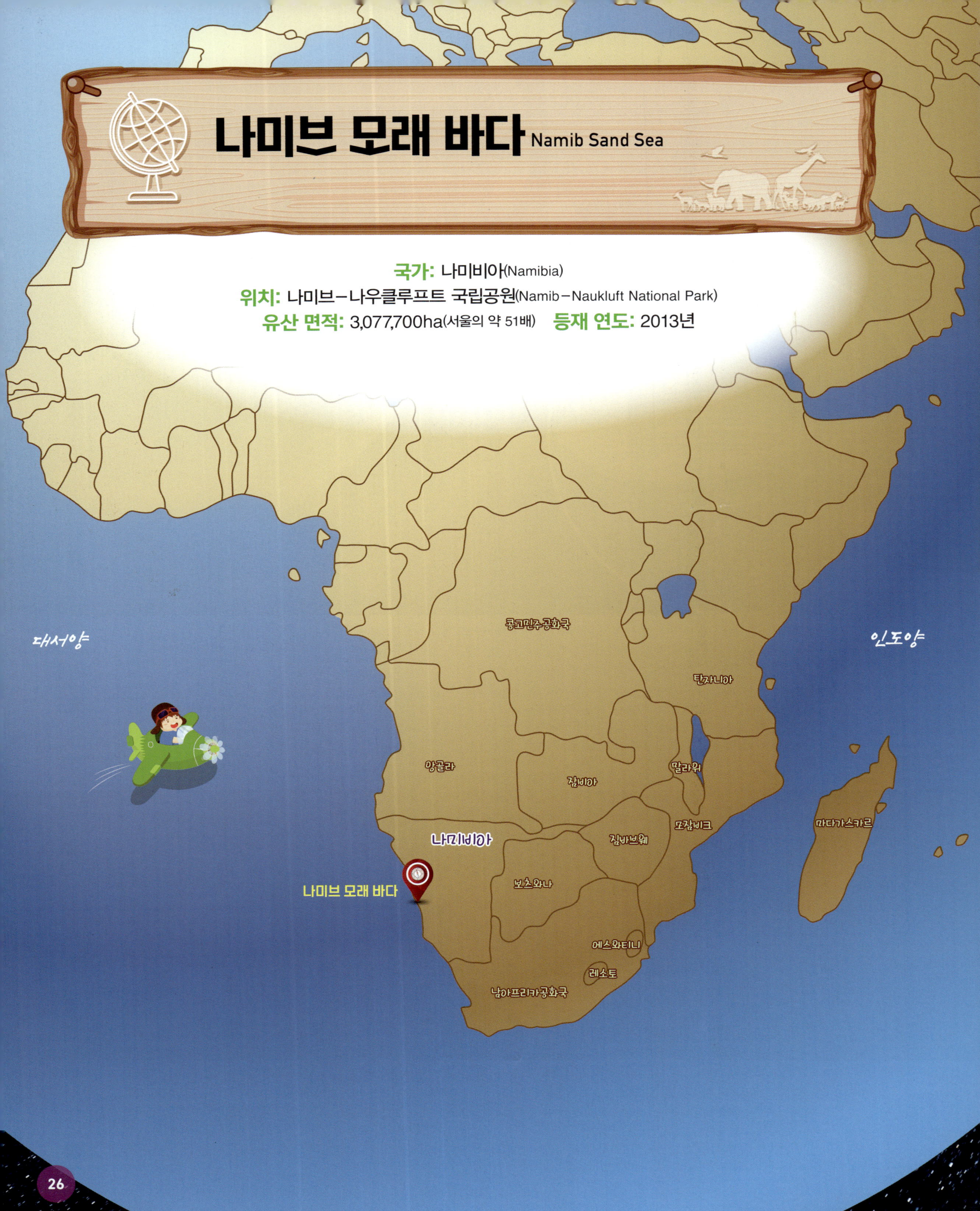

나미브사막과 바다

나미브는 '막힌 데가 없이 탁 트이고 넓은(광활한) 곳'을 뜻하며, 모래 바다는 안개의 영향을 받는 광활한 모래언덕(사구, 砂丘)을 포함한 세계 유일의 해안 사막인 나미브사막을 일컫습니다. 이 유산은 아주 오랜 옛날에 만들어진 반쯤 굳은 모래언덕 위에 새로 모래언덕이 덮인 두 개의 모래언덕으로 이루어져 있습니다.

자갈밭, 해안 저지대, 바위로 된 언덕, 모래 바다에 섬과 같은 모양인 구릉(산보다는 낮으며 완만하게 비탈진 곳), 해안 **석호**, 바짝 말라 버린 강이 이 유산의 특징이며 이 모두가 조화를 이루어 아름다운 경관이 펼쳐집니다.

매우 건조한 사막 환경에서 안개는 물을 공급하는 중요한 역할을 하며, 덕분에 동물에게 휴식과 숨을 수 있는 곳을 마련해 줍니다. 이처럼 변화무쌍한 **서식지**와 생태 조건에 적응하며 살아가는 고유종이 있는 매우 중요한 곳입니다.

▲ 짙은 아침 안개

▼ 모래언덕을 오르는 여우

◀ 메롤레스 쿠네이로스트리스(*Meroles cuneirostris*) '쐐기주둥이모래도마뱀' 또는 '쐐기주둥이사막도마뱀'이라고도 하며 모래에서 삽니다. 나미브사막과 남아프리카공화국에서 만날 수 있습니다.

▼ 동개나무(Quiver tree) 나무처럼 크게 자라는 다육식물로, 나무가 아닌 알로에의 일종입니다. 잎과 줄기에 물을 저장하는 다육식물이라 속이 부드러워 그 속을 파내고 화살통으로 사용해서 붙인 이름이라고 하지요. 우리 이름 동개는 '화살통'을 뜻합니다. 멸종위기 취약 단계

▲ 웰위치아(*Welwitschia mirabilis*) 이 식물은 나미비아와 앙골라(나미브사막)의 고유종으로 2,000년 넘게 산다고 알려졌습니다. 1850년대에 이 식물을 최초로 기록한 오스트리아 식물학자 프리드리히 웰위치(Friedrich Welwitsch, 1806~1872년)의 이름에서 따왔습니다. 나미브사막의 뜨거운 열과 적은 강수량에 적응해서 삽니다. 이 식물은 딱딱한 목질 줄기(크라운crown)에서 잎 2장만 평생 자랍니다. 최대 길이는 4미터에 이르며 잎이 갈라져서 마치 여러 장처럼 보이지요. 암수딴그루로 암수 모두 목질 줄기에서 열매 같은 원뿔 모양의 꽃이 피며, 때때로 수백 송이가 달리기도 합니다. 꽃은 녹색부터 다양한 갈색을 포함해 여러 색을 띠며, 암꽃과 수꽃은 곤충, 특히 파리를 유인하는 꽃꿀을 생산하여 꽃가루를 운반하게 합니다. 사진은 암나무입니다.

▼ 재배하고 있는 웰위치아의 목질 줄기에서 잎 2장이 자라고 있습니다(왼쪽). 수나무에서 꽃가루를 만들지요(오른쪽).

▲ 소수스블레이(Sossusvlei) 세계 유일의 붉은색 모래언덕(철분이 많아 붉게 보임)으로 둘러싸인 소금과 진흙이 섞인 땅입니다. 여름에 내리는 비로 물웅덩이가 형성되는 모습에 빗댄 소수스블레이는 '막다른 습지'를 뜻해요.

▼ 겜스복(Gemsbok) '남아프리카오릭스'라고도 합니다. 오릭스 4종 가운데 하나인 큰 영양으로, 칼라하리사막과 같은 남부 아프리카의 건조한 지역의 고유종입니다. 나미비아의 공식 문장(국가를 나타내는 표지)에 등장해요.

남동부 대서양림 보호구역
Atlantic Forest South-east Reserves
국가: 브라질(Brazil)
위치: 대서양 해안(Atlantic coast),
파라나주와 상파울루주(States of Parana and São Paolo)
유산 면적: 468,193ha(서울의 약 7.7배) 등재 연도: 1999년
에콰도르
페루
브라질
볼리비아
태평양
대서양
남동부 대서양림 보호구역
파라과이
칠레
우루과이
아르헨티나

다양한 나무들이 자라는 우거진 숲

이곳은 25곳 보호구역으로 이루어졌으며, 브라질의 대서양림(대서양 해안에 걸쳐 있는 열대우림) 중에서 가장 잘 보호되고 가장 규모가 큽니다. 또한 세계에서 가장 풍요로우면서도 위험에 놓인 서식지 중 한 곳으로, 생물자원이 풍부하고 희귀한 생물의 진화 과정을 잘 보여 주고 있습니다.

이 지역은 나무가 빽빽하게 들어찬 숲으로 덮인 산에서부터 아래쪽의 습지, 고립된 산과 모래언덕이 있는 해안의 섬까지, 풍요로운 자연환경과 매우 아름다운 경치를 자랑합니다.

빙하기 이후에 부분적으로 고립되었던 대서양림에서 사는 생물 가운데 식물종의 70퍼센트, 영장류(원숭이류)의 85퍼센트, 포유류의 39퍼센트가 고유종입니다. 이처럼 이 보호구역은 수많은 희귀종과 고유종이 살아가고 있을 뿐만 아니라 세계에서 나무 종류(수종)가 가장 많은 숲으로 알려졌습니다.

▲ 녹색머리풍금조(Green-headed tanager) 몸길이가 평균 13.5센티미터로 작고 화려한 새입니다. 암컷과 어린 새는 수컷보다 더 칙칙한 색을 띱니다. 본래 습한 숲에서 살지만, 과수원이나 공원에서도 흔히 볼 수 있습니다.

▼ 사프란큰부리새(Saffron toucanet) 대체로 꼬리가 긴 큰부리새로, 몸길이는 35~40센티미터입니다. 큰부리새(또는 왕부리새) 종류 중에서 유일하게 전체적으로 노란색을 띱니다. 암컷은 수컷과 비슷하지만 짙은 녹색이 더 많고 노란색이 적습니다. 또한 부리가 더 짧습니다. 멸종위기 취약근접 단계

▲ 황금사자타마린(Golden Lion Tamarin) 아메리카 대륙의 원숭이로 '황금마모셋'이라고도 합니다. 약 1,000여 마리가 야생에서 사는 것으로 짐작하고 있어요. 멸종위기 위기 단계

▼ 재규어(Jaguar) 아프리카나 아시아에서 주로 사는 표범과 닮았지만, 재규어는 아메리카 대륙에서 삽니다. 표범은 장미 무늬 안에 다른 무늬가 없지만 재규어는 장미 무늬 안에 점이 있습니다. 멸종위기 취약근접 단계

노엘 켐프 메르카도 국립공원

Noel Kempff Mercado National Park

국가: 볼리비아(Plurinational State of Bolivia)

위치: 산타크루스주(Santa Cruz Department)의 벨라스코(Velasco Province)

유산 면적: 1,523,446ha(서울의 약 25배) **등재 연도:** 2000년

에콰도르

페루

태평양

브라질

대서양

노엘 켐프 메르카도
국립공원

볼리비아

파라과이

칠레

우르과이

아르헨티나

팜파스사슴(Pampas deer) 입술 주변과 목에 흰색 털이 나 있습니다. 어깨높이는 암컷 60~65센티미터, 수컷 65~70센티미터이지요. 꼬리는 짧고, 달릴 때 꼬리를 들어 흰색 털을 드러내기도 합니다. 이 국립공원에는 130종이 넘는 포유류가 있습니다. 멸종위기 취약근접 단계

브라질 국경에 접하고 있는 이 국립공원은 아마존강(세계에서 가장 긴 강이며 물의 배출량도 가장 많아요) 언저리에서 규모가 가장 크고, 원시 상태로 가장 잘 보존된 곳이기도 합니다. 이 국립공원은 해발 200미터에서 약 1,000미터 높이까지 걸쳐 있으며, **사바나**와 나무가 빽빽한 숲에서부터 높은 지대의 아마존 상록수림까지 다양한 서식지가 드넓게 자리 잡고 있습니다.

이 공원에는 약 4,000여 종의 식물과 600여 종의 조류, 멸종위기에 놓여 있는 많은 종의 척추동물이 살고 있습니다. 이 국립공원은 생물 다양성이 높은 여러 서식지 유형이 있을 뿐만 아니라 전 세계적으로 멸종위기에 놓인 대형 척추동물의 집단이 남아 있기에 매우 중요합니다.

볼리비아 정부는 1976년에 설립된 우안차카(Huanchaca) 국립공원을 1988년 지역의 중요성을 널리 알린 볼리비아의 생물학자이자 환경운동가인 노엘(Noel Kempff Mercado, 1924~1986년)의 이름을 따와서 고쳐 지었습니다.

▲ 시계꽃(*Passiflora*) '열정꽃' 또는 '열정덩굴'로도 불리는 이 식물 외에도 4,000여 종의 식물이 자라고 있습니다.

◀ 몽크사키(Monk saki) 몸길이는 30~50센티미터, 몸무게는 약 1~2킬로그램으로 큰 토끼와 거의 같습니다. 두툼한 꼬리 길이는 25~55센티미터이지요. 수줍음이 많고 경계심이 강해 나무 높은 곳에서 지내며, 가끔 낮은 곳으로 내려오지만 땅을 밟지는 않는다고 하네요.

▼ 노랑아나콘다(Yellow anaconda) 노란색 몸에 검은색 무늬가 있으며, 수컷은 암컷보다 작고 독이 없어요. 이곳에는 70여 종의 파충류가 살고 있습니다.

▲ 검정카이만(Black caiman) 몸길이는 5~6미터로 제법 큰 종이며, 이름에서 알 수 있듯이 검은색을 띠고 있습니다. 아마존 생태계에서 가장 큰 포식자로 물고기, 파충류, 새와 포유류를 잡아먹습니다. 카이만은 '악어'라는 뜻이지요.

▼ 붉은발거북(Red-footed tortoise) 이 거북은 보통 몸길이가 30센티미터이지만 40센티미터 넘게 자라기도 합니다. 검은색 다리에 붉은빛의 비늘이 있어서 붙인 이름입니다. 애완용으로 인기가 높아 사람들이 마구 잡아 위협에 놓일 수도 있지요.

닝갈루 해안 Ningaloo Coast

국가: 호주(Australia)
위치: 서호주 북서쪽 해안
유산 면적: 705,015ha(서울의 약 12배) **등재 연도:** 2011년

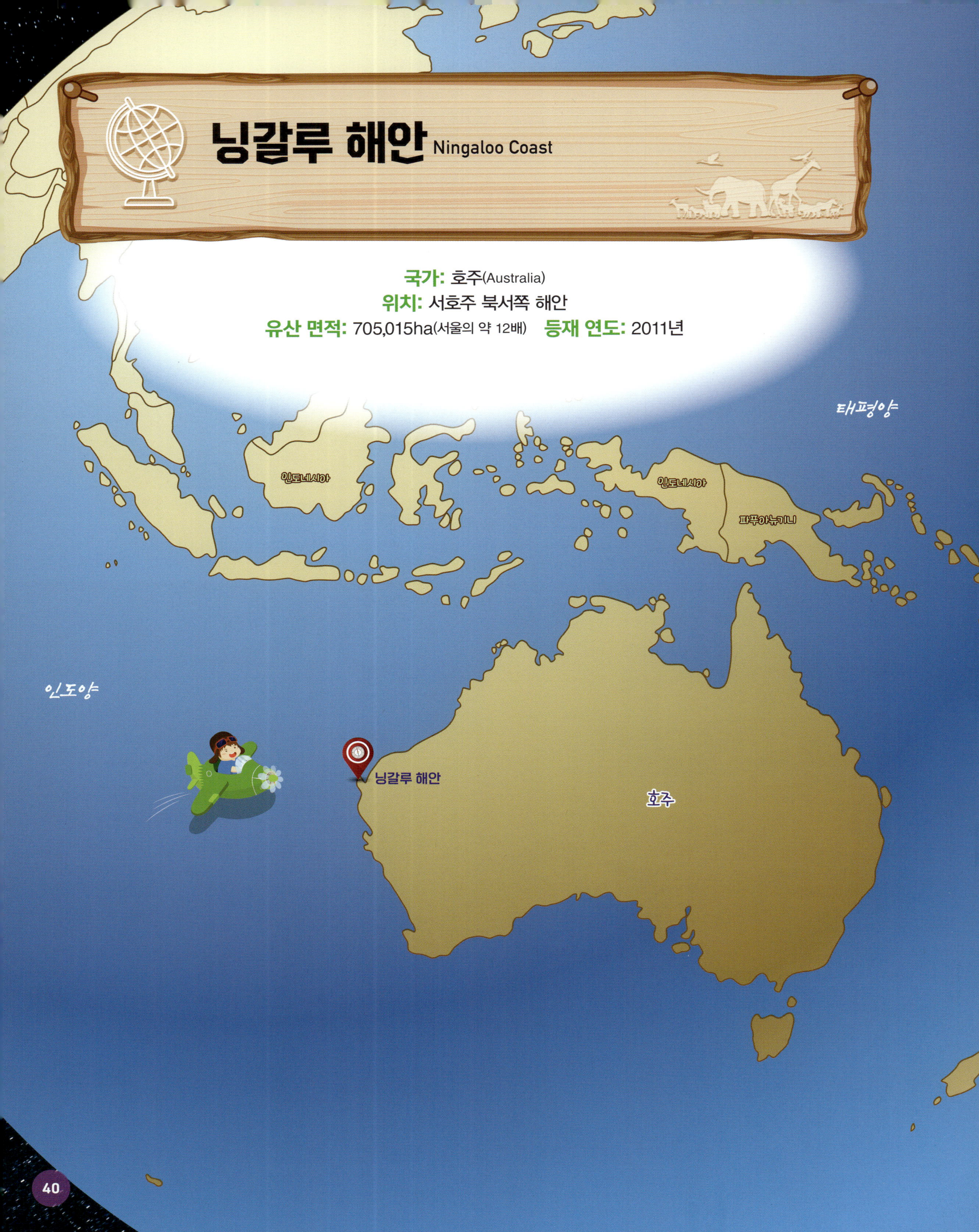

산호초가 보이는 해안 풍경

호주 서부 외딴 해안의 해상과 육상 보호구역인 닝갈루 해안에는 세계에서 가장 긴 연안 산호초 지대가 있습니다. 육지 지역에는 광활한 **카르스트** 지형과 지하 동굴, 수로망이 있는 것이 특징입니다. 다양한 종의 바다거북을 포함해 많은 해양생물의 고향인 닝갈루 해안에는 1년에 한 번씩 고래상어(Whale sharks) 떼가 모여듭니다.

닝갈루 **산호초**에는 기록된 것만 300여 종이 넘는 산호, 물고기 700여 종, 연체류(문어나 오징어, 조개나 달팽이처럼 몸에 뼈가 없어서 몸이 부드러운 동물) 650여 종, 갑각류(몸이 머리, 가슴, 배 또는 머리가슴, 배로 나누어지며 겉은 딱딱한 껍질로 덮여 있고 탈피를 하는 게, 새우, 가재 따위) 600여 종, 1,000종이 넘는 해조류(바다에 살면서 광합성을 하는 생물로 바닷말이라고도 해요) 등 다양한 해양생물이 살고 있습니다.

또 155종이 넘는 다양한 해면류와 25종의 극피동물(몸의 겉은 탄산칼슘으로 이루어진 돌기나 가시 등이 있고, 몸이 다섯 부분의 방사 대칭 형태를 띠는 동물로 성게, 불가사리, 해삼 따위가 있어요)이 살고 있어 이 지역의 중요성을 더해 줍니다. 닝갈루 해안은 열대와 온대의 수역이 만나는 곳이라 다양한 바다거북 종이 이곳을 찾아와 해마다 해안선을 따라 둥지를 틀고 약 1만 개의 알을 낳습니다.

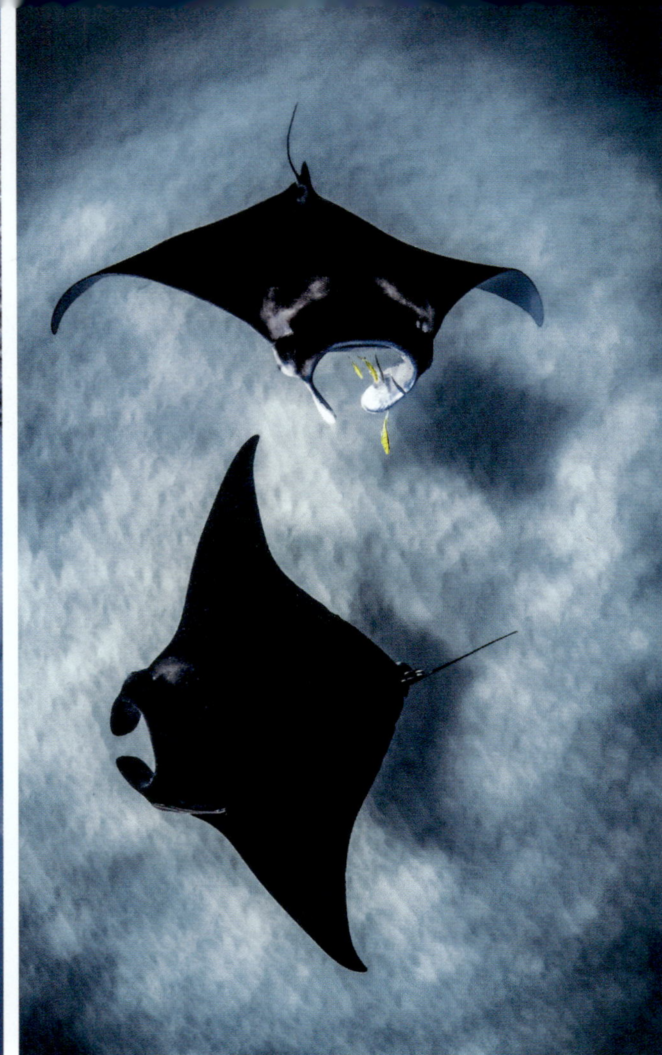

1. 상어의 사냥

2. 대왕쥐가오리(Giant oceanic manta ray) 가오리류 중에서 제일 큰 종으로, 영어 이름의 '만타(manta)'는 스페인어로 '양탄자'라는 뜻입니다. 넓은 가슴지느러미가 양탄자 같아 붙인 이름이지요. 생김새가 악마를 닮았다고 해서 '데블피시(Devilfish)'라고도 합니다. 멸종위기 위기 단계

3. 고래상어(Whale shark) 고래처럼 덩치가 커서 붙인 이름으로 세상에서 가장 큰 상어이자 물고기입니다. 작은 이빨들이 촘촘하게 나 있지만 씹지는 못하고 물을 들이켜서 새우나 작은 물고기를 아가미로 걸러 먹습니다. 멸종위기 위기 단계

1	2
	3
4	

1. 제브라상어(Zebra shark) 낮에는 바다 바닥에서 움직이지 않고 쉬다가 밤에 사냥에 나섭니다. 몸에 세로 융기선 5줄이 도드라지고 점무늬가 온몸에 흩어져 있는 성체와 달리 어린 제브라상어는 갈색 바탕에 가로줄과 점무늬만 있어 제브라(얼룩말)라는 이름을 붙였어요. 멸종위기 위기 단계

2. 제브라상어 성체 몸에 세로 융기선이 뚜렷한 것이 특징입니다(위 오른쪽).

3. 푸른바다거북(Green sea turtle) 모래 둥지에 암컷이 알을 낳으려나 봅니다.

4. 에뮤(Emu) 호주에서만 사는 날지 못하는 새이지요. 타조와 비슷하게 생겼지만 타조보다 작고, 발가락이 세 개(타조 발가락은 두 개)입니다.

도나우 삼각주 Danube Delta

국가: 루마니아(Romania)
위치: 도브루자 지방(Dobruja Region)의 툴체아주(Tulcea County)
유산 면적: 312,440ha(서울의 약 5배) **등재 연도:** 1991년

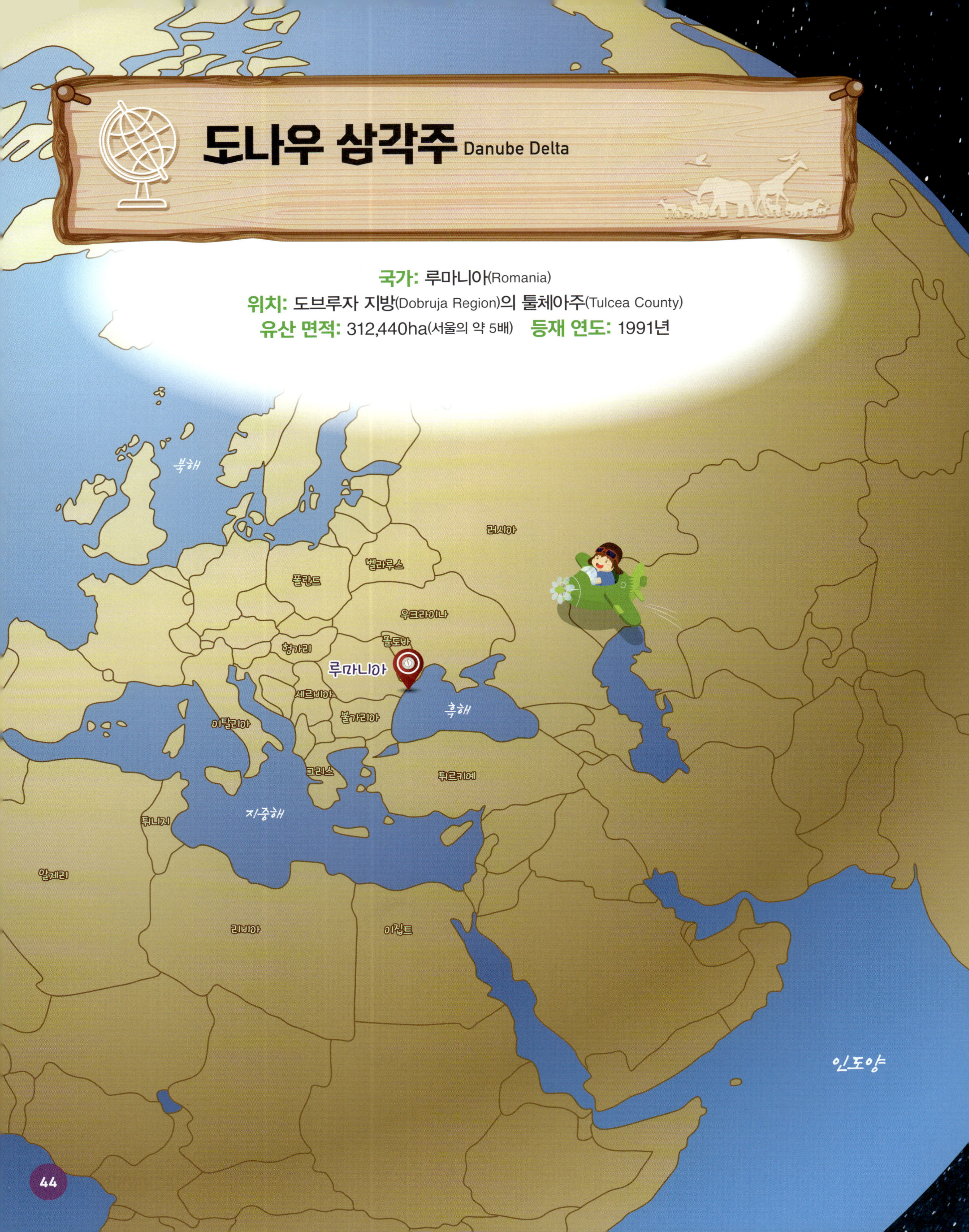

도나우 삼각주 풍경

도나우강(영어로는 다뉴브강)은 볼가강(Volga River, 러시아 중부를 흐르며 길이 3,690km) 다음으로 유럽에서 두 번째로 긴 강이며, 세계에서 가장 많은 10개국을 거쳐 흐릅니다(나일강은 9개국으로 2위). 따라서 각 나라에서 부르는 이 강의 이름도 제각각입니다. 독일과 오스트리아에서는 도나우강, 슬로바키아와 우크라이나에서는 두나이강, 크로아티아와 세르비아에서는 두나브강으로 불립니다. 독일에서 시작된 이 강은 길이가 2,850킬로미터이며, 흑해(Black Sea)로 흘러들어 유럽에서 가장 크고 보존이 잘된 **삼각주**를 이룹니다. 이 삼각주는 기원전 4000년 이후 바닷물이 지금의 높이로 오르면서 이루어지기 시작했습니다.

삼각주(三角洲, delta)는 강물에 떠내려온 흙이나 모래 따위가 물살이 약해지는 강의 끝자락쯤에 쌓인 지형으로 그 모양이 삼각형(델타, 4번째 그리스 문자 Δ)이라 해서 붙인 이름이지만, 반드시 삼각형이 아니며 모양과 면적이 다양합니다. 도나우 삼각주의 수많은 호수와 늪지에는 민물고기 45종과 300종이 넘는 조류가 살고 있습니다. 이 지역은 유럽에서 연달아 이어지는 늪지 중에서 가장 크며, 전 세계의 독특한 습지 생태계 중에서 가장 중요한 생태계로 손꼽힙니다. 이곳은 조류의 보전에 매우 중요한 역할을 할 뿐만 아니라, 난쟁이가마우지와 붉은가슴기러기의 세계 최대 개체군이 살며, 멸종 위기에 놓인 조류가 살아가는 터전이기도 합니다.

1. 큰사다새(Great White Pelican)의 사냥

2. 큰사다새 무리 전 세계 큰사다새의 5퍼센트가 이곳에서 번식합니다.

3. 사다새(Dalmatian Pelican) 사다새 종류 중에서 가장 큰 종으로 몸 깃털은 회색빛을 띠며, 부리가 무척 크고 깁니다. 머리 뒤쪽부터 목덜미까지 곱슬거리는 깃털이 있어요. 눈 앞쪽으로 폭이 좁은 회색빛을 띤 흰색 피부가 드러납니다(큰사다새는 앞이마까지 피부가 드러남). 다리는 짙은 회색, 홍채는 옅은 노란색이 특징이지요. 번식기에는 아래 부리 밑이 분홍색으로 바뀝니다.
멸종위기 취약근접 단계

4. 물총새(Common kingfisher) '유라시아물총새' 또는 '강물총새'로도 알려진 이 새는 아종이 7종으로 참새 크기의 작은 새입니다. 주로 다이빙하듯이 물고기를 사냥하며 물속에서도 먹이를 볼 수 있지요.

5. 난쟁이가마우지(Pygmy cormorant) 도나우 삼각주에서 가장 많이 보이지만 삼각주의 개발로 생존을 위협받고 있습니다.

▲ 야생말

레드우드 국립공원과 주립공원

Redwood National and State Parks

국가: 미국(United States of America)
위치: 캘리포니아주(California State)
유산 면적: 41,571ha(서울의 약 69/100) **등재 연도:** 1980년

레드우드 국립공원 해변

레드우드 국립공원과 주립공원은 태평양에 접한 캘리포니아 해안산맥 지역으로 이루어졌습니다. 이 공원의 특징은 바로 세계에서 가장 거대한 레드우드가 우거진 웅장한 숲입니다.

레드우드는 우리말로는 '미국삼나무'라 하고, 영어로는 보통 '해안레드우드(Coastal redwood)', '캘리포니아레드우드'라고도 합니다. 이 나무는 1,200~1,800년 넘게 사는 늘푸른나무입니다. 지구상에서 가장 키가 큰 나무로, 높이가 최대 115.5미터(뿌리 제외)에 이르고, 지름이 최대 8.9미터에 이릅니다. 이 나무는 지구상에서 가장 오래된 생명체 중 하나입니다.

1850년대까지 상업적 벌목이나 개간이 시작되기 전, 이 거대한 나무숲은 캘리포니아 해안의 대부분을 따라 약 810,000헥타르(서울의 약 13배)에서 자연적으로 발생한 자생지이기도 합니다. 하지만 지금은 멸종위기종으로 지정되어 있습니다. 이곳에는 해양 동물과 육지 동물이 함께 살고 있으며, 특히 바다사자, 흰머리수리, 갈색사다새 등이 눈길을 끕니다.

▲ 레드우드 국립공원의 해안 초원

▲ 눈으로 덮인 레드우드 숲

▼ 해안산맥 풍경

▲ 레드우드 숲 레드우드(또는 세쿼이아, Coastal redwood 학명 *Sequoia sempervirens*)는 자이언트세쿼이아(Giant sequoia 또는 Giant redwood, 학명 *Sequoiadendron giganteum*), 메타세쿼이아(Dawn redwood, 학명 *Metasequoia glyptostroboides*)와 밀접한 관련이 있으나 명확하게 밝혀진 것은 없습니다. 이 나무는 암꽃과 수꽃이 한 그루에서 피는 나무로 1,200~2,200년 넘게 살지요. 나무줄기의 중심부가 붉은 색이라 붙인 이름이에요. 멸종위기 위기 단계

▼ 왼쪽은 레드우드, 오른쪽은 유럽 전 지역에서 관상수로 널리 키우는 틸리아 토멘토사(*Tilia tomentosa*)의 줄기를 잘라 낸 모습입니다.

▲ 큰바다사자(Steller sea lion) 영어 이름 '스텔러(Steller)'는 1741년에 처음 이 종을 발표한 독일의 자연주의자 게오르크 빌헬름 슈텔러(Georg Wilhelm Steller, 1709~1746년)의 이름을 따서 붙였습니다. 지금 개체수가 많이 줄어들고 있지요. 이곳에는 캘리포니아바다사자(California sea lion), 물범(Harbor seal)도 발견됩니다. 멸종위기 취약근접 단계

▼ 북부조수망둑어(Northern tidewater goby) 미국 캘리포니아 해안을 따라 개울, 습지, 개울의 석호에 살며, 캘리포니아에서 사는 토종 망둑어 6종 중 하나입니다. 멸종위기 취약근접 단계

▲ 흰머리수리(Bald eagle) 몸은 갈색이고 머리와 꼬리가 희며(어린 새는 갈색) 홍채가 샛노랗습니다. 발톱이 크고 강력하며, 노란색 부리는 낫처럼 굽어 있습니다. 주로 물고기를 먹지만 조류나 파충류, 포유류 따위를 사냥하기도 해요. 암컷이 수컷보다 크며, 미국의 나라 새입니다.

▼ 갈색사다새(Brown pelican) 아종이 5종인 이 새는 아메리카 대륙에서 발견되는 3종의 사다새 중 하나입니다. 바다 위 최대 18~21미터 높이로 날다가 물고기를 발견하면 재빠르게 내리꽂으면서 사냥합니다(오른쪽이 사냥 모습). 물 위에 떠서 사냥하는 다른 사다새와는 뚜렷한 차이가 있습니다. 페루펠리컨(Peruvian pelican)만이 비슷한 행동을 하지만 비행 높이가 낮지요.

마나스 야생동물 보호구역

Manas Wildlife Sanctuary

국가: 인도(India)
위치: 아삼주(Assam State)
유산 면적: 39,100ha(서울의 약 65/100) **등재 연도:** 1985년

인도코뿔소(Indian rhinoceros)가 있는 풍경 인도코뿔소는 몸무게 2톤(1톤은 1,000킬로그램)에 뿔은 하나로 약 60센티미터까지 길게 자라기도 합니다. 멸종위기 취약 단계

이곳은 히말라야산맥 기슭의 완만한 경사 지역에 자리하고 있으며, 나무가 빽빽하게 들어찬 언덕에서부터 충적토(토양 물질이 물에 운반되어 쌓인 흙)의 풀밭과 열대 **삼림** 지대까지를 포함합니다. 이곳에서 호랑이, 피그미돼지, 인도코뿔소, 인도코끼리 등의 멸종위기 동물을 비롯해 다양한 야생동물이 살아갑니다. 뿐만 아니라 아름다운 자연 경관으로 유명합니다.

'마나스'라는 이름은 뱀의 여신 마나사(Manasa, 주로 뱀에 물리는 사고 예방과 치료뿐 아니라 다산과 번영을 기원하는 여신)의 이름을 딴 마나스강에서 비롯되었습니다. 마나스강(길이 400킬로미터)은 국립공원의 중심부를 통과하는 브라마푸트라강(Brahmaputra river)으로 흘러드는 주요한 강입니다. 브라마푸트라강은 중국 남서부, 인도 북동부, 방글라데시를 흐르는 길이 3,000킬로미터의 강입니다. '브라마푸트라'는 산스크리트어로 '브라흐마의 아들'이라는 뜻이며, 브라흐마는 힌두교의 신으로 '창조자'라고 합니다.

마나스 야생동물 보호구역에는 포유류 약 60종, 파충류 42종, 양서류 7종, 조류 500종이 살고 있으며, 그중 26종은 전 세계적으로 멸종위기에 놓여 있습니다.

▲ 도가머리랑구르(Capped Langur) 우리말 '도가머리'는 새의 대가리에 길고 덥수룩하게 난 털을 가리키며, 이 원숭이의 생김새가 그와 같아서 붙인 이름입니다. 영어 이름은 '모자를 쓴 원숭이'라는 뜻이에요. 잎, 잔가지, 새싹과 과일을 먹는 초식성입니다. 멸종위기 취약 단계

▼ 피그미멧돼지(Pygmy Hog) 지금 살아 있는 개체가 250마리 미만이라고 합니다. 몸길이 55~71센티미터, 몸무게는 6.6~11.8킬로그램으로 돼지 종류 가운데 가장 작습니다. 뿌리, 덩이줄기, 곤충, 설치류와 작은 파충류를 먹습니다. 멸종위기 위기 단계

▲ 은빛가슴넓적부리새(Silver Breasted Broadbill) 몸길이 16~17센티미터에 몸무게는 25~35그램으로, 암컷은 가슴에 가느다란 은색 띠가 있습니다. 주로 곤충과 작은 육지 달팽이를 먹습니다(왼쪽 수컷, 오른쪽 암컷).

▲ 인도들소(Gaur) 소 중에서 가장 크다고 합니다. 인도에서 조사한 자료에 따르면, 수컷의 평균 몸무게는 약 1,500킬로그램, 암컷은 약 700킬로그램입니다. 수컷과 암컷 모두 머리 옆에서 자라 위로 휘어진 뿔이 있으며, 암컷 뿔이 수컷 뿔보다 더 가늘고 안쪽으로 휘어졌습니다. 수컷 성체의 털은 짙은 갈색이며, 아주 늙은 개체는 검은색에 가까워요. 오른쪽은 인도들소 암컷과 송아지입니다. 멸종위기 취약 단계

마나풀스 국립공원, 사피와 추어 사파리 지역

Mana Pools National Park, Sapi and Chewore Safari Areas

국가: 짐바브웨(Zimbabwe)
위치: 마쇼날랜드 북부 지방(Mashonaland North Region) 우룽웨구(Urungwe District)
유산 면적: 676,600ha(서울의 약 11배) **등재 연도:** 1984년

마나풀스 국립공원 풍경

아프리카에서 네 번째로 긴 강이며, 아프리카에서 인도양으로 흘러드는 가장 큰 강인 잠베지강(Zambezi river, 길이 2,574킬로미터) 주변으로 코끼리, 물소, 표범, 치타를 포함해 많은 야생동물이 살고 있습니다. 나일악어(Nile crocodile)도 발견됩니다.

드넓은 잠베지강 주변 초원에 야생동물이 모여드는 풍경은 아프리카를 대표하는 장관입니다. 1984년 세계유산으로 등재될 당시 멸종위기에 놓인 검은코뿔소의 개체 수가 약 500마리였지만, 허가를 받지 않은 사냥으로 1994년 말에 10마리만 남게 되자 안전을 위해 다른 곳으로 옮겼다고 합니다.

그래도 이곳에는 코끼리, 하마, 사자, 치타, 들개 같은 멸종위기에 놓인 많은 종이 여전히 살고 있습니다. 표범, 갈색하이에나(Brown hyena)처럼 멸종이 우려(근심하거나 걱정한다는 뜻이에요)되는 종과 수많은 나일악어가 이곳에서 보호받고 있습니다. 아울러 이 지역은 많은 식물과 새들의 중요한 서식지로 알려졌습니다.

1. 갈색하이에나(Brown hyena) 가장 희귀한 하이에나입니다. 덥수룩하게 긴 털은 짙은 갈색을 띠고, 뾰족한 귀, 짧은 꼬리로 다른 종과 구별됩니다. 멸종위기 취약근접 단계

2. 검은코뿔소(Black rhino) 이름에 검은색이 있지만, 털은 갈색에서 회색까지 다양해요. 아프리카에 사는 흰코뿔소(White rhinoceros,)와는 윗입술로 구별합니다. 검은코뿔소는 뾰족하게 튀어나와 있고 흰코뿔소는 가로로 넓적하고 평평합니다. 흰코뿔소의 '흰(white)'은 '흰색'이 아니라 아프리칸스어 또는 네덜란드어의 '넓다(wyd 또는 wijd)'라는 단어를 잘못 해석한 것으로 보인다고 하지요. 멸종위기 위급 단계

3. 흰코뿔소 멸종위기 취약근접 단계

1	
2	3

▲ 하마(Hippopotamus) 하마류에는 2종이 있으며, 하마와 피그미하마(Pygmy hippopotamus, 멸종위기 위기 단계)입니다. 하마는 '강에 사는 말'이라는 뜻이며, 코끼리와 코뿔소에 이어 세 번째로 큰 육상 포유류입니다. 돼지와 생김새가 비슷하지만 현재 가장 가까운 친척은 고래류라고 합니다. 수컷의 몸무게는 평균 1,500킬로그램(암컷은 1,300킬로그램)이에요. 멸종위기 취약 단계

▲ 바오밥나무(Baobab Tree) 바오밥나무류는 모두 8종이 있다고 합니다. 해가 지고 어스름해질 무렵에 피어나는 꽃은 최대 15시간 동안 피어 있습니다. 눈으로도 확인할 만큼 꽃이 피는 속도가 빠르며, 다음 날 아침에 꽃잎을 닫습니다. 21세기 초, 남부 아프리카의 바오밥나무들이 정확한 이유를 모르는 상태에서 빠르게 죽기 시작했습니다. 과학자들은 그 많은 나무가 질병이나 해충으로 그렇게 빨리 죽지 않았으리라 믿고 있으며, 일부는 지구 온난화에 따른 가뭄과 기온 상승으로 줄기에서 물이 빠져나가 죽었다고 추측합니다. 동그라미 사진은 바오밥나무 꽃과 열매입니다.

▲ 혹멧돼지(Common warthog) 수컷(사진에서 뒤쪽)은 얼굴에 혹이 있어 붙인 이름입니다. 싸울 수는 있지만(수컷은 짝짓기 시기에 서로 공격적으로 싸우기도 하고, 다른 동물들에게 목숨이 위험할 만큼 큰 상처를 입히기도 한다는 보고도 있어요), 혹멧돼지의 기본 방어는 온 힘을 다해 달아나는 것이지요. 위협을 받을 때 최대 시간당 48킬로미터(48km/h)의 속도로 달린다고 합니다.

▲ 남부붉은벌잡이새(Southern carmine bee-eater) 적도 아래쪽 아프리카 전 지역에서 삽니다. 여느 벌잡이새처럼 색이 다양하고 주로 붉은색을 띠지만 머리 부분과 위 꼬리덮깃이 파란색이에요.

마데이라의 라우리실바

Laurisilva of Madeira

국가: 포르투갈(Portugal)
위치: 마데이라섬(Island of Madeira)
유산 면적: 15,000ha(서울의 약 1/4) **등재 연도:** 1999년

영국
프랑스
이탈리아
스페인
포르투갈
마데이라의 라우리실바
튀니지
모로코
알제리
리비아
서사하라
대서양
모리타니
말리
니제르
차드

울창한 월계수 숲 풍경

마데이라의 라우리실바는 우리말로 풀어쓰면 '마데이라섬의 월계수 숲'입니다. 이름에서 알 수 있듯이 이 지역에는 원시 월계수 숲이 보전되어 있고, 이 식생은 현재 마데이라 제도, 아조레스 제도, 카나리아 제도에 한정되어 있습니다.

마데이라는 지금 남아 있는 월계수 숲 중 가장 큰 지역이며, 약 90퍼센트가 원시림으로 상태가 아주 좋습니다. 월계수 숲은 기후를 일정하게 유지하고 물을 모아 공급하는 등, 섬의 생태학적 균형을 유지하는 데 중요한 역할을 하므로 그 가치가 매우 높습니다. 아주 오래된 나무, 폭포와 절벽은 멋진 풍경을 자아내며, 생물 다양성이 뛰어납니다.

▲ 이끼를 품고 있는 월계수(*Laurus novocanariensis*) 잎이 향기롭고 반짝이는 짙은 녹색이며 3~20미터까지 자라는 큰 나무입니다. 유산을 상징하는 종입니다. 월계수는 암수딴그루로, 꽃이 피고 검은색 열매가 맺으면 암나무, 꽃에 수술은 많지만 열매가 없는 것은 수나무로 '로로(loro)'라고도 하지요. 동그라미는 흰색 꽃이 11월부터 이듬해 4월까지 피는 향기로운 월계수 꽃입니다.

1. 폭포가 있는 풍경

2. 마데이라벽타기도마뱀(Madeiran Wall Lizard) 마데이라섬의 고유종으로, 꼬리가 몸통 길이의 약 1.7배이며, 몸 색은 다양하고 주로 주변 환경과 비슷한 색을 띱니다. 때로는 초록빛을 띤 갈색 또는 회색이지만 대부분 짙은 갈색 바탕이 아주 작은 점들이 흩어져 있습니다.

3. 마데이라월계수비둘기(Trocaz pigeon) 마데이라섬의 고유종으로 엉성한 나뭇가지 둥지에 흰색 알 하나를 낳습니다. 사람들이 드나들면서 개체수가 급격하게 줄었지만, 월계수 숲을 잘 가꾸면서 개체수가 회복되어 지금은 멸종위기에서 벗어났다고 하지요.

말라위 호수 국립공원

Lake Malawi National Park

국가: 말라위(Malawi)
위치: 중앙과 남부 지역(Central and Southern Regions)
유산 면적: 9,400ha(서울의 약 1/6) **등재 연도:** 1984년

호수 풍경

탄자니아의 니아사(Nyasa) 호수, 모잠비크의 라고니아사(Lago Niassa)라고도 알려진 말라위 호수는 아프리카의 거대 호수입니다. 말라위와 모잠비크, 탄자니아 사이에 있습니다. 해발 500미터에 자리한 이 호수 깊이는 700미터로 세계에서 매우 깊은 호수로 꼽히며, 말라위 호수 남쪽이 국립공원에 포함되어 있습니다.

시클리드(Cichlid, 말라위에서는 음부나Mbuna라고 해요)를 포함하여 다른 호수보다 많은 종류의 물고기(500~1,000종)가 살고 있습니다. 놀라운 것은 시클리드 물고기 약 350종이 모두 말라위 호수의 고유종이라는 사실입니다.

말라위 호수 국립공원은 "특히 물고기의 다양성으로 생물 다양성 보존에 전 세계적으로 중요"하다는 평가를 받고 있습니다. 시클리드 물고기가 호수에 적응하고 진화해서 갈라진 생태계는 갈라파고스 제도(Galapagos Islands)의 핀치(Finch) 연구와 비교될 만큼 진화의 연구에서 매우 중요한 장소입니다. 물고기와 수생 서식지를 보호하기 위해 지정된 말라위의 유일한 국립공원입니다.

▲ 시클리드 시클리드는 약 2,000~3,000종을 대표하는 이름입니다. 몸길이가 2.5센티미터인 작은 크기에서부터 1미터에 이르는 큰 종까지 있으며 몸 형태도 여러 가지입니다. 몸 색이 아름다워 관상어로도 많이 키운답니다.

▲ 생김새가 다양한 시클리드

▲ 아프리카바다수리 또는 아프리카물수리(African Fish Eagle) 사하라사막 이남의 사냥감이 풍부하고 수역(바다, 강, 호수 따위의 영역)이 넓은 곳에서 발견되는 큰 독수리 종입니다. 나미비아와 잠비아의 나라 새이며, 주로 물고기를 먹지만 포유류 등도 사냥해요.

▼ 바위너구리(Rock hyrax) 코끼리의 뾰족한 엄니 같은 윗니가 한 쌍이 있습니다. 유전적으로도 코끼리에 가깝다고 하네요. 동그라미는 바위너구리 윗니입니다.

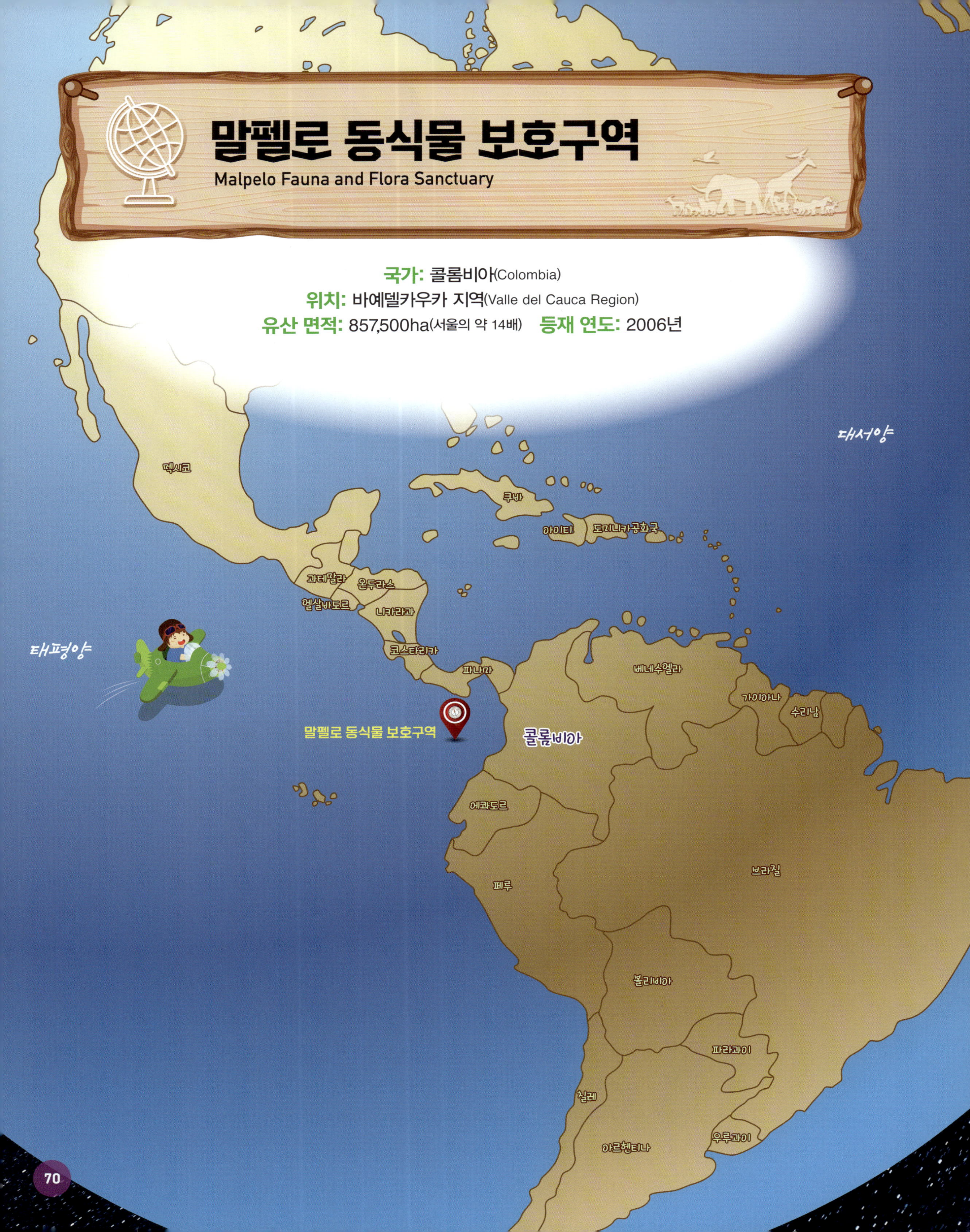

말펠로 동식물 보호구역
Malpelo Fauna and Flora Sanctuary
국가: 콜롬비아(Colombia)
위치: 바예델카우카 지역(Valle del Cauca Region)
유산 면적: 857,500ha(서울의 약 14배) 등재 연도: 2006년
대서양
멕시코
쿠바
아이티
도미니카공화국
과테말라
온두라스
엘살바도르
니카라과
태평양
코스타리카
파나마
베네수엘라
가이아나
수리남
말펠로 동식물 보호구역
콜롬비아
에콰도르
페루
브라질
볼리비아
파라과이
칠레
우루과이
아르헨티나

말펠로섬 풍경

콜롬비아 해안에서 506킬로미터 떨어진 곳에 있는 이 보호구역은 말펠로섬(Malpelo island)과 주변 해양환경을 포함하고 있습니다. 이 광범위한 해양 공원은 동태평양 열대 지역의 어로(물고기나 수산물 따위를 잡거나 거두어들이는 일) 금지 구역입니다.

멸종될 우려가 있는 전 세계 해양생물의 중요한 서식지일 뿐만 아니라 대규모 집단을 이루며 살고 있는 다양한 해양생물에게 중요한 영양 공급처이기도 합니다. 특히 상어나 자이언트그루퍼, 새치 등이 살아가는 보호구역은 세계적으로도 흔치 않은 예라고 합니다.

이곳은 바닷속의 깎아지른 듯한 가파른 절벽과 천연 동굴이 매우 아름다워 세계적인 다이빙 장소로 인정받고 있습니다. 이곳의 깊은 바다는 인간의 영향이 거의 미치지 않아 동물들의 행동 습성이 그대로 유지되고 있답니다.

▲ 홍살귀상어(*Scalloped Hammerhead*) 여러 종의 상어와 참치 등과 같은 대형종이 살고 있습니다. **멸종위기 위급 단계**

◀ 갈라파고스상어(Galapagos Shark) 해양 섬 주변의 깨끗한 바위 환경을 좋아하며, 종종 3미터까지 자라는 큰 상어입니다. 이 상어는 첫 번째 등지느러미가 높고 끝이 약간 둥글며, 가슴지느러미의 뒷부분에서 시작되는 것이 특징입니다. 주로 바닥에 사는 물고기와 오징어 등을 먹습니다.

▼ 청줄돔(Bluestripe snapper, 앞쪽), 꼬치고기(Barracuda, 위쪽)의 무리가 어우러진 바닷속 풍경

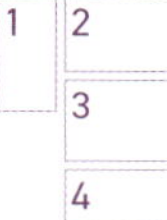

1. 깎아지른 듯이 가파른 바닷속 절벽

2. 곰치(Moray eel)와 작은 물고기들 곰치는 특정 물고기가 아닌 약 200종을 대표하는 이름입니다.

3. 산호가 있는 풍경

4. 대왕바리(또는 자이언트그루퍼Giant grouper) 수심 1~100미터에서 볼 수 있는 바닷물고기로 최대 270센티미터까지 자라지만 보통 약 180센티미터이며, 최대 무게는 400킬로그램입니다. 몰래 숨어 있다가 작은 상어를 비롯한 여러 물고기와 어린 바다거북 따위를 커다란 입을 벌려 통째로 삼킵니다. 그루퍼(grouper)는 무리를 이룬다는 뜻에서 붙인 이름이지만, 여느 그루퍼와는 달리 혼자 움직입니다. 우리말 이름 '바리'는 '많다', '예쁘다'라는 뜻이에요.

매머드 동굴 국립공원

Mammoth Cave National Park

국가: 미국(United States of America)
위치: 켄터키주의 바렌, 에드먼슨,
하트 카운티(Counties of Barren, Edmonson, and Hart in the State of Kentucky)
유산 면적: 21,191ha(서울의 약 1/3) **등재 연도:** 1981년

동굴 내부 모습

세계 최대의 자연 동굴과 지하 통로가 연결되어 있으며, **석회암** 지형이 특징입니다. 세계에서 가장 긴 이 동굴의 길이는 약 560킬로미터(서울에서 부산까지의 거리는 477킬로미터)에 이르고, 동굴 이름은 동굴 입구 바로 안쪽에 있는 원형 홀로 연결되는 어마어마한 통로의 폭과 길이를 표현하려고 붙인 것이라고 합니다. 이미 멸종한 코끼리과의 동물 매머드와는 관련이 없습니다. 2,500만 년에 걸쳐 그린강(Green river)과 그 지류에 따라 동굴이 만들어졌으며 지질학적으로 중요합니다.

이 국립공원에서는 거의 모든 종류의 동굴 지형을 볼 수 있고, 동굴 형성과 관련된 지질 과정이 지금도 계속되고 있습니다. 아주 공간이 넓은 긴 통로와 수직 통로, 석순, 종유석 등 동굴을 이루고 있는 자연적인 특징은 세계 최고로 손꼽힙니다. 이 공원과 지금까지 조사된 지하 통로망에는 많은 멸종위기종을 포함하여 여러 식물군과 동물군이 살고 있습니다. 또 무척추동물인 200여 종이 발견되며, 이 가운데 칠흑 같은 어둠 속에서 42종이 적응하여 살아가고 있습니다. 뭍에서 나고 자라는 척추동물로는 포유동물 43종, 조류 207종, 파충류 37종, 양서류 27종이 발견된다고 합니다.

이곳의 고고학 유적지에서는 콜럼버스가 아메리카를 발견하기 이전에 살던 원주민의 문화의 흔적을 엿볼 수 있습니다. 동굴의 존재와 사용에 대한 확실한 증거가 있지만, 고대 시대 이후로 사용했다는 증거는 없습니다. 전문가들과 과학자들은 왜 그런지에 대한 답을 찾지 못해 오늘날까지 매머드 동굴의 가장 큰 수수께끼로 남았답니다.

▲ 동굴 내부 모습

◀ 동굴 내부 모습

▼ 동굴의 종유석과 석순 종유석은 고드름처럼 동굴 천장이나 벽에 달려 있는 석회석이며, 석순은 동굴 천장에서 떨어지는 물방울에 들어 있는 석회질이 동굴 바닥에 쌓여 죽순 모양을 이루는 석회석입니다.

1. 풍경

2. 그린강 공원을 통과하는 강으로 총길이는 618킬로미터입니다. 미국 독립전쟁을 이끈 나다나엘 그린(Nathanael Greene, 1742~1786년) 장군의 이름을 따서 붙였습니다.

3. 후지어동굴물고기(Hoosier cavefish) 이 동굴물고기는 '눈먼물고기'라고도 하며, 어두운 동굴에 적응한 결과입니다. 빛이 부족한 환경에서 발견되는 작은 민물고기로, 색소가 부족하고 조금 반투명합니다. 인디애나주 주민을 일컫는 '후지어'에서 따온 이름이라고 합니다.

4. 큰갈색박쥐(Big brown bat) 미국, 캐나다, 중앙아메리카, 카리브해에서 발견되는 박쥐입니다. 이 국립공원에는 큰갈색박쥐를 비롯해 다양한 박쥐가 살고 있지요.

매쿼리섬 Macquarie Island

국가: 호주(Australia)
위치: 태즈메이니아주(Tasmania State)
유산 면적: 557,280ha(서울의 약 9.2배) **등재 연도:** 1997년

섬 풍경

매쿼리섬(길이 34킬로미터, 폭 5킬로미터)은 **남빙양**에 있는 섬으로, 호주와 남극 대륙 사이의 중간 지점에 있습니다. 이 섬은 매쿼리 해저산맥이 해수면 위로 올라온 부분이며, 인도-호주 지각판과 태평양판이 만나면서 이루어졌습니다.

지질 보존의 관점에서 이곳은 매우 중요한 지질 유산이며, 세계에서 유일하게 **맨틀**의 운동에 따라 해수면 위로 솟아오른 암석을 볼 수 있는 곳입니다.

이 섬의 아름다운 장관 중 하나는 엄청난 수의 야생동물, 특히 번식기의 펭귄들이 해안에 무리 지어 있는 광경입니다. 번식기에 코끼리물범(또는 코끼리해표)도 해변에서 무리를 이룹니다. 호주남극연구소(Australian Antarctic Division)가 1년 내내 이곳에 머물긴 하지만, 매쿼리섬에 영구적으로 머물며 사는 사람은 없습니다.

▲ 섬에 무리 지어 있는 임금펭귄(King Penguin) 황제펭귄을 발견하기 전, 아주 큰 펭귄이라 해서 붙인 이름입니다. 황제펭귄과 비슷하지만 덩치가 조금 작고, 목 앞쪽은 진한 노란색이며, 귀 주변과 기다란 아랫부리 옆쪽이 주황색이에요.

◀ 황제펭귄(Emperor penguin) 펭귄 종류 중 가장 키가 크고 무거우며, 남극 대륙의 고유종입니다. 수컷과 암컷은 깃털과 크기가 비슷하며, 몸길이는 100센티미터, 몸무게는 22~45킬로그램입니다. 멸종위기 취약근접 단계

▶ 갈색도둑갈매기 (Brown Skua, 왼쪽)와 임금펭귄 다른 새의 알이나 새끼를 먹거나 다른 동물들이 잡은 먹이를 자주 훔쳐먹어 '도둑갈매기'라는 이름을 붙였습니다.

▲ 로열펭귄(Royal penguin) 매쿼리섬의 고유종으로 섬 주변에서 번식하고 생활합니다. 크릴과 물고기를 주로 먹으며 오징어도 잡아먹습니다. 로열펭귄은 마카로니펭귄과 매우 비슷하게 생겼지만, 마카로니펭귄은 얼굴이 검은색이고 로열펭귄은 얼굴이 흰색이지요. 로열펭귄은 몸길이 65~76센티미터, 몸무게는 5~6킬로그램으로 수컷이 암컷보다 큽니다.(동그라미는 로열펭귄 얼굴)

◀ 마카로니펭귄(Macaroni penguin)

▶ 매쿼리가마우지(Macquarie Shag) 매쿼리섬에 사는 해양 가마우지로 고유종입니다.

▼ 젠투펭귄(Gentoo Penguin) 눈 위와 머리 위를 가로지른 넓은 흰색 띠무늬가 특징입니다. 그 띠무늬가 머리에 두르는 터번 같다고 해서 '이방인'이라는 포르투갈어에서 따온 이름이지요.

모시 오아 툰야 폭포/빅토리아 폭포

Mosi-oa-Tunya/ Victoria Falls

국가: 잠비아(Zambia), 짐바브웨(Zimbabwe)
위치: 잠비아 남부주(Southern Province of the Republic of Zambia) 리빙스턴구(Livingstone District), 짐바브웨 북마타벨랜드주(Matabeleland North Province of Zimbabwe) 황게구(Hwange District)
유산 면적: 6,860ha(서울의 약 1/9) **등재 연도:** 1989년

폭포 전경 세계 3대 폭포(폭 1,708미터)이며, 다리 위쪽은 잠비아, 아래쪽이 짐바브웨입니다.

모시 오아 툰야 폭포(빅토리아 폭포)는 세계에서 매우 장엄한 폭포 가운데 하나입니다. 폭포는 잠비아와 짐바브웨 공원의 가장 중요한 부분을 차지하며, 잠베지강 수량이 많아지는 2월이나 3월에 세계에서 가장 큰 폭포가 만들어집니다. 이 시기에는 108미터 높이에서 1,708미터 폭으로 분당 최대 5억 리터(ℓ)의 강물을 아래로 쏟아 냅니다. 수량이 줄어드는 11월에는 분당 약 1백만 리터의 강물이 여러 갈래로 갈라지면서 여러 군데로 폭포를 만들어 낸답니다.

강물은 폭포 아래에서 좁은 골짜기로 흘러드는데, 폭포가 생성되기 시작하던 초기에 이 골짜기들은 서로 이어져 있었습니다. 200만 년 전에 잠베지강이 이곳의 현무암을 깎아 내면서 작은 균열들이 커지고, 움푹 들어간 골짜기가 만들어졌습니다.

스코틀랜드의 선교사이자 탐험가가 이 폭포를 발견한 뒤 영국 빅토리아 여왕을 기리기 위해 '빅토리아'라고 이름을 지었지만, 원주민이 부른 모시 오아 툰야(Mosi-oa-Tunya, '천둥 치는 연기'라는 뜻) 이름이 지금까지 일반적으로 사용됩니다. 세계유산 목록은 공식적으로 두 이름을 모두 인정합니다. 잠비아에서 '모시 오아 툰야'라고 부르는 반면, 짐바브웨에서는 '빅토리아 폭포'라고 부릅니다.

▲ 폭포 위의 무지개

▶ 사바나원숭이(Savana monkey) '버빗 원숭이(Vervet monkey)'이라고도 해요. 초식성 원숭이로 얼굴은 검은색, 털은 회색입니다. 몸길이는 암컷 약 40센티미터, 수컷 약 50센티미터로, 수컷은 음낭이 푸른빛을 띤 녹색이라 구별됩니다.

1. 폭포 근처에서 만난 코끼리

2. 바토코자두(Batoko plum) 폭포가 만들어 내는 물보라로 바토코자두를 비롯해 이 지역에서는 보기 드문 식물들이 자랍니다. 바토코자두는 원래 필리핀과 인도네시아가 고향으로 최대 15미터까지 자라며, 열매는 체리와 비슷합니다. 열매는 연녹색에서 빨간색으로 익습니다. 열매는 그냥 먹을 수 있지만 잼으로도 만들어 먹지요.

3. 잠베지강에서 관광객을 태운 배 주변에서 헤엄치는 하마 무리

바덴해 The Wadden Sea

국가: 덴마크(Denmark), 독일(Germany), 네덜란드(Netherlands)
유산 면적: 1,143,403ha(서울의 약 19배)
등재 연도: 2009년(2014년 확장)

독일의 슐레스비히홀슈타인 바덴해 국립공원(Schleswig-Holstein Wadden Sea National Park in Germany)

네덜란드, 독일, 덴마크의 3개국에 걸쳐 있는 바덴해는 세계에서 가장 넓고 훼손되지 않은 **조간대**의 모래와 갯벌로 이루어진 곳입니다. 이 지역은 물범(Harbour seal), 회색물범(Grey seal), 쇠돌고래(Harbour porpoise)와 같은 해양 포유류를 포함하여 수많은 동식물종이 살아갑니다.

바덴해는 지구상에서 마지막으로 남은 대규모 조간대 생태계 중 하나로, 강의 영향을 거의 받지 않은 조간대이자 방벽 구조(방파제 같은 구조)를 지닌 것이 특징이며, 해수면 상승이라는 조건 속에서 복잡하고도 치밀한 온대 기후의 모래 방벽 해안이 대규모로 발달한 놀라운 사례랍니다. 매우 역동적이고 자연적인 변화 과정이 바덴해의 대부분 지역에서 방해받지 않고 진행되어 가지각색의 방벽 구조, 갯벌, 침식으로 생긴 좁은 골짜기, 염습지(소금기가 있는 습지)와 여러 해안 퇴적 지형들을 만들어 냈습니다.

이 유산의 가장 중요한 점은 철새들이 모여들어 털갈이하거나 겨울을 날 수 있는 환경을 제공한다는 점입니다. 610만 마리의 새가 동시에 머물 수 있고, 해마다 평균 1000만~1200만 마리의 철새가 이곳을 거쳐 갑니다. 이곳은 먹이를 얻기 쉽고, 방해 요소가 적기 때문입니다. 바덴해는 철새의 동대서양(East Atlantic)과 아프리카-유라시아 이동 경로에서 꼭 필요한 중간 기착지(목적지로 가는 도중에 잠깐 들르는 곳)이며, 이는 전 세계적으로 엄청난 규모의 생물 다양성이 바덴해에 의존하고 있다는 뜻입니다.

1. 해안의 모래언덕(네덜란드) 1
2. 물범과 갈매기 2
3. 새들의 식사 시간 3

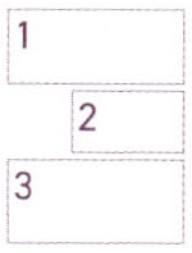

1. 철새들의 중간 기착지

2. 퉁퉁마디(함초) 염생식물로 마디마다 퉁퉁한 가지가 갈라져 붙인 이름입니다.

3. 갯벌

바이칼호 Lake Baikal

국가: 러시아(Russian Federation)
위치: 시베리아 남부의 부랴티아공화국(Republic of Buryatia), 이르쿠츠크와 치타주(Irkutsk and Chita Regions)
유산 면적: 8,800,000ha(서울의 약 145배) **등재 연도:** 1996년

올혼섬의 샤마칸 바위 올혼섬(Olkhon island)은 바이칼호의 섬 중에서 가장 크고, 세계에서 세 번째로 큰 호수 섬입니다. 올혼은 원주민 언어로 '숲이 우거진'이라는 뜻과 '메마르다'라는 뜻에서 비롯되었다고 하며, 이 모두 섬의 특성을 잘 설명하고 있습니다. 샤만카 바위(Shamanka rock)는 원주민들이 영적인 장소로 생각합니다. 우리말로 풀이하면 '무당바위'이지요.

바이칼호는 시베리아 남서쪽에 있으며 호수 면적이 315만 헥타르(서울의 약 52배)에 이르는, 세계에서 가장 오래되고(2500만 년), 가장 깊은(1,700미터) 호수입니다. 지구상에 있는 얼지 않는 민물의 20퍼센트를 담고 있다고 합니다. '러시아의 갈라파고스'라고 알려진 바이칼호는 오랜 세월 동안 고립되어 있었기에 진화론적으로 특별한 가치가 있으며, 세계에서 가장 풍부하고 다양한 동식물의 고유종이 있습니다.

이 호수는 뛰어난 자연경관과 또 다른 자연적 가치를 지닌 보호지역으로 둘러싸여 있으며, 가장 눈에 띄는 것은 독특한 민물 종인 바이칼물범입니다. 또 기후가 고르지 않은 환경이라 매우 다양한 식물이 자랍니다. 이를테면 서쪽은 듬성듬성한 침엽수림이, 동쪽은 소나무 숲이 대다수를 차지하고 북쪽은 낙엽송 숲을 이루고 있습니다.

호수 유역의 지질학적 구조는 고생대, 중생대, 신생대에 형성되었으며, 중요한 지질학적 특성이 많습니다. 최근에 호수 깊은 곳에 생긴 열수구(따뜻한 물 또는 뜨거운 물이 지각으로부터 스며 나오는 곳으로 보통 바다 깊은 곳에서 발견되어요)가 증명하듯이, 지구의 다양한 구조적인 힘이 여전히 작용하고 있습니다. 호수에는 동물 1,340종(고유종 745종), 식물 570종(고유종 150종)이 있는 것으로 보고되었으며, 호수 주위의 삼림에는 전형적인 북유럽 종과 함께 10종의 멸종위기종이 산다고 합니다.

▲ 바이칼물범(Baikal seal) 바이칼호에서만 사는 물범으로 수명이 길며(암컷은 56년까지 살았으며, 보통 물범 수명은 30~35년), 다른 물범보다 새끼에게 젖 먹이는 기간이 2배 정도로 깁니다. 사는 곳이 바다에서 멀리 떨어져 있어 이들이 어떻게 바이칼호에 이르렀는지는 여전히 의문입니다. 빙하기에 북극해와 호수가 이어졌을 때 올라온 것이라는 가설이 있지요.

▼ 바이칼호의 끝없는 얼음 벌판

1. 푸른 호수 근처 절벽 위로 날아다니는 수많은 새

2. 에피슈렐라 바이칼렌시스(*Epischurella baikalensis*) 물고기들의 먹이인 요각류(다리를 노 젓듯이 움직이는 작은 갑각류)로 바이칼호의 고유종입니다. 크기는 1.5~2밀리미터로, 호수에서 작은 먹이 조각과 함께 오염 물질도 함께 빨아들여 바이칼호를 깨끗하게 유지한다고 해요.

3. 오물(Omul) 연어와 비슷한 물고기로 바이칼호의 고유종입니다. 바이칼호에 사는 다른 물고기와 마찬가지로 바이칼호 주변 사람들의 주요 수입원이라고 합니다. 오물은 살도 맛있지만 알이 특히 맛있다고 하네요. 오물의 숫자가 계속 줄어들어 지금은 허가받은 사람만 잡을 수 있답니다.

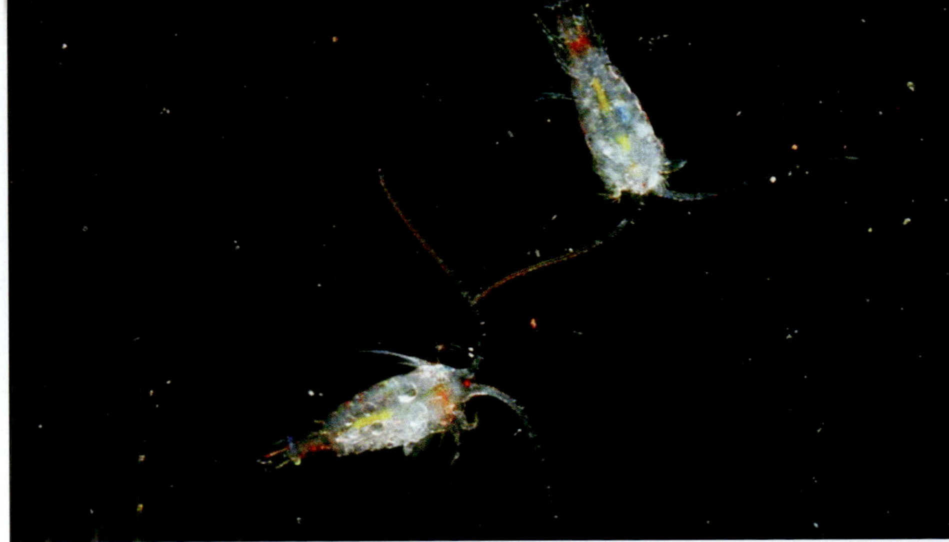

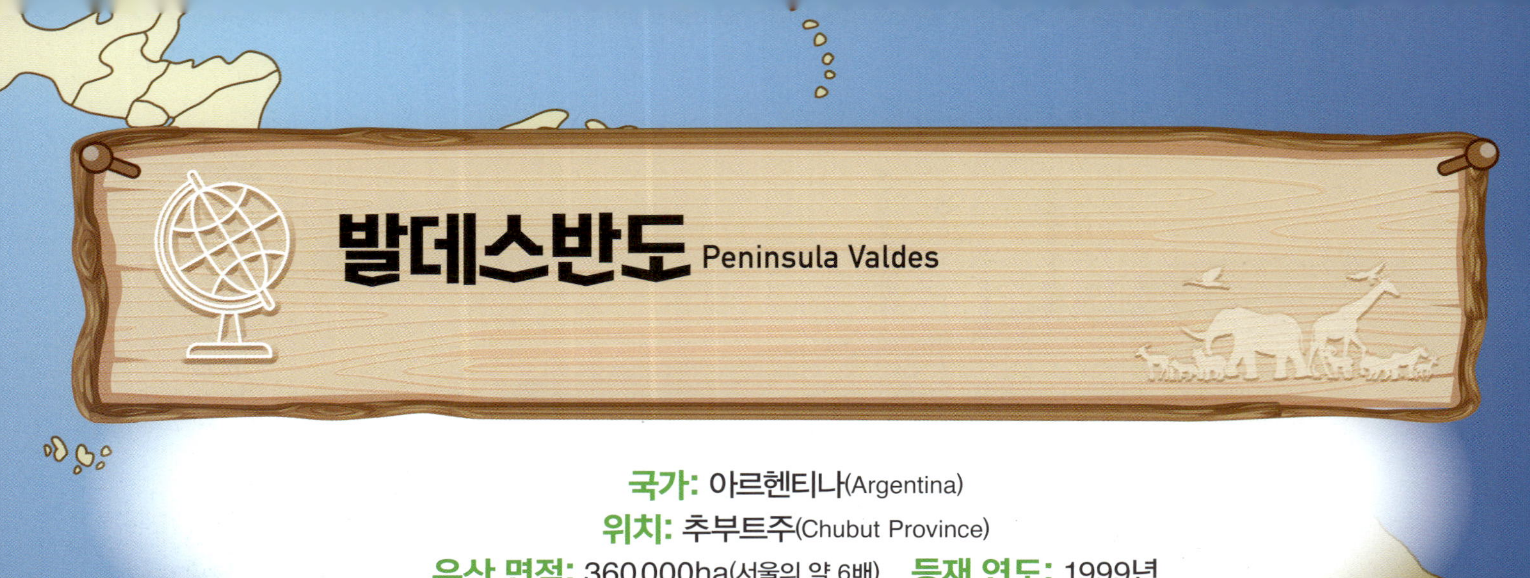

발데스반도 Peninsula Valdes

국가: 아르헨티나(Argentina)
위치: 추부트주(Chubut Province)
유산 면적: 360,000ha(서울의 약 6배) **등재 연도:** 1999년

발데스반도의 절벽이 있는 해안 풍경

아르헨티나 동쪽에 자리한 발데스반도는 해양 포유류를 보전한다는 점에서 세계적으로 중요한 유산입니다.

남방코끼리물범(또는 남방코끼리해표, Southern elephant seal)과 남아메리카바다사자의 중요한 번식지일 뿐만 아니라 멸종위기에 놓인 남방긴수염고래가 전 세계에서 가장 많이 새끼를 낳는 곳이자 사는 곳입니다.

이 지역의 범고래는 이곳 해안 조건에 알맞은 독특한 사냥 기술을 개발(범고래는 얕은 파도 속을 빠른 속도로 헤엄치면서 바다사자나 어린 코끼리물범을 낚아채는데, 때로는 해안으로 돌진하기도 해요)해 내는 등의 적응 사례를 보여 줍니다. 마젤란펭귄들이 사용하는 둥지만 4만여 개에 이를 정도로 마젤란펭귄의 개체수가 가장 많습니다.

발데스반도에서 크게 무리 지어 다니는 과나코(Guanaco)들을 볼 수 있습니다. 아르헨티나 고유 동물인 '파타고니아마라'는 현재 아르헨티나의 다른 지역에는 멸종위기에 놓여 있지만, 발데스반도에서는 볼 수 있습니다.

▲ 무리 지어 있는 남아메리카바다사자(Southern American sea lion) '파타고니아바다사자'라고도 하며 바위나 자갈 해변에 모여 살아요. 수컷은 몸길이가 최대 3미터, 암컷은 최대 2미터로 수컷과 암컷의 차이가 뚜렷합니다.

▼ 남방긴수염고래(Southern right whale) 수염고래는 이빨이 완전히 퇴화하고 대신 수염이 발달하여, 입을 크게 벌리고 물과 함께 먹이를 빨아들인 후 수염으로 먹이를 걸러 먹습니다. 고래의 수염은 우리의 손톱 등을 구성하는 물질인 케라틴이라 매우 단단하고 굵으며, 찔리면 매우 아프다고 해요. 긴수염고래라 불리는 종은 북대서양긴수염고래, 북방긴수염고래, 남방긴수염고래 모두 3종입니다.

1. 범고래(Killer whale)의 사냥 아주 빠르고 사나워 이름에 '호랑이'를 뜻하는 '범'을 붙였습니다. 가슴과 옆구리가 하얗고, 눈 위의 흰 점이 특징입니다.

2. 마젤란펭귄(Magellanic penguin) 남아메리카에서 사는 펭귄으로, 가장 가까운 친척은 아프리카펭귄, 훔볼트펭귄, 갈라파고스펭귄입니다. 1520년 이 새를 발견한 포르투갈 탐험가 페르디난드 마젤란(Ferdinand Magellan, 1480년경~1521년)의 이름을 붙였습니다.

3. 파타고니아마라(Patagonian mara) '파타고니아기니피그' 또는 '파타고니아산토끼'라고도 합니다. 토끼와 비슷하게 생겼지만, 다리가 길고 몸집이 큰 것이 특징이지요. 멸종위기 취약근접 단계

4. 아르마딜로(Armadillo) 개미핥기, 나무늘보처럼 빈치류(貧齒類)에 속하는 포유류입니다. 빈치류는 이빨이 없거나 불완전한 동물로 '이빨이 빈약한 무리'라는 뜻입니다. 아르마딜로는 앞니와 송곳니가 없으며, 어금니는 있지만 이뿌리가 없고 에나멜질로 싸여 있지 않습니다. 발톱이 날카롭고도 튼튼합니다. 아르마딜로는 스페인어로 '작고 갑옷을 입은 자'를 뜻한다고 해요.

발레드메 자연보호지역
Vallée de Mai Nature Reserve
국가: 세이셸(Seychelles)
위치: 프레슬린섬(Praslin Island)
유산 면적: 19.5ha(서울의 1/3025) 등재 연도: 1983년
수단
남수단
에티오피아
소말리아
우간다
케냐
콩고민주공화국
르완다
부룬디
탄자니아
인도양
발레드메 자연보호지역
세이셸
말라위
모잠비크
잠비아
짐바브웨
마다가스카르
보츠와나
에스와티니
남아프리카공화국
레소토

원시 상태로 보존된 야자나무 숲

세이셸은 아프리카 대륙에서 약 1,600킬로미터 떨어진 인도양의 115개 섬으로 이루어진 섬나라입니다. 이 나라에서 두 번째로 큰 섬 프레슬린섬의 국립공원에 있는 발레드메는 '5월의 계곡'이라는 뜻이며, 선사시대부터 거의 변하지 않고 보존된 야자수 숲입니다.

수백만 년 전에 진행된 지질학적·생물학적 과정으로 형성된 이 유산은 세계 식물 진화의 역사에서 초기의 형성 단계를 보전하고 있는 매우 뛰어난 사례입니다. 이곳의 생태계는 고유 야자수 종이 가장 두드러지며, 특히 식물계에서 씨가 가장 큰 열매로 유명한 이 섬의 고유종인 겹야자(코코드메르)가 세계에서 가장 많이 자랍니다.

숲에는 겹야자 외에 다른 고유종 야자수 5종도 발견되는데 데케니아 노빌리스, 포에니코포리움, 베르샤펠티아, 네프로스페르마(*Nephrosperma vanhoutteanum*), 로스케리아(*Roscheria melanochaetes*)입니다.

원시 상태를 보여 주는 야자수 숲은 잘 보존되어 있으며, 여러 고유종 생물을 보존하는 피난처 역할을 합니다. 세이셸검은앵무와 자이언트청동게코를 포함해 다양한 종이 있습니다.

1. **겹야자(*Lodoicea maldivica*) 나무와 열매** 겹야자는 보통 '코코드메르(Coco de mer)'라고 하며, '세이셸야자', '바다코코넛', '엉덩이코코넛'이라고도 합니다. 나무는 높이 25~34미터까지 자라며 잎은 부채꼴 모양으로 길이 7~10미터, 너비 4.5미터입니다. 다 익은 열매는 지름 40~50센티미터, 무게 15~30킬로그램이며 세상에서 가장 큰 씨앗을 품고 있어요. 겹야자란 열매를 가르면 씨앗이 갈라져 있어 붙인 이름입니다. 세이셸 고유종인 6종의 야자수 가운데 유일하게 암수딴그루입니다. 멸종위기 위기 단계
2. **겹야자 씨앗** 세계에서 가장 큰 씨앗을 품은 열매로 〈기네스북〉에 오르기도 했습니다. 씨앗의 최대 무게는 17.6킬로그램이라고 해요.
3. **겹야자 수꽃** 수나무는 열매가 열리지 않습니다. 수꽃은 최대 1미터 길이로 10년 동안 꽃가루를 계속 생산한다고 하네요.

1. 데케니아 노빌리스 어린 나무 줄기에 난 가시
2. 가시가 있는 데케니아 노빌리스 열매
3. 데케니아 노빌리스(*Deckenia nobilis*) '양배추야자' 또는 '백만장자 샐러드(Cabbage palm 또는 Millionaire's salad)'라고도 합니다. 이 야자수 종은 독특한 가시가 있는 열매를 맺으며 어린나무 줄기에 노란색 가시가 있어요. 다 자란 나무는 높이 40미터에 이른다고 합니다. 멸종위기 취약 단계

1. 포에니코포리움(*Phoenicophorium borsigianum*) 1857년 영국의 큐(Kew) 왕립식물원에서 자라고 있던 야자수가 도난당해 '도둑야자(Thief palm)'라고도 부릅니다. 무척 키가 크며, 어린나무에는 검은색 가시가 있습니다. 지역 주민들은 잎을 말려서 지붕을 만드는 데 사용해요.

2. 베르샤펠티아(*Verschaffeltia splendida*) 장대야자(Stilt palm)라고도 하며, 이 나무에 장대 같은 지주근(지지근)이 있어 붙인 이름이며, 다른 야자나무와 구별되는 특징입니다. 나무를 심을 때 곧게 서 있으라고 버팀목(지주)을 대주는데, 이 나무는 마치 버팀목처럼 보이는 뿌리가 땅 위에 드러나 있지요. 어린나무에는 검은 가시가 있습니다. **멸종위기 취약근접 단계**

3. 베르샤펠티아 어린나무의 가시

4. 베르샤펠티아의 지주근

1. 자이언트청동게코(Giant bronze gecko) 세이셸 고유종인 도마뱀붙이의 하나로, 겹야자에서 먹이를 얻는 이 도마뱀붙이는 겹야자의 꽃가루를 나르는 역할을 합니다. 멸종위기 위급 단계

2. 겹야자 수꽃과 자이언트청동게코

3. 세이셸검은앵무(Seychelles black parrot) 세이셸 고유종으로 중간 크기 앵무새입니다. 회색빛의 아래 꼬리덮깃을 제외하고 몸 전체가 짙은 회갈색이며, 번식기에는 어두운 부리가 더 옅어져요. 몸길이는 약 30센티미터이며, 세이셸의 나라 새입니다. 멸종위기 취약 단계

베마라하 칭기 자연보존지역

Tsingy de Bemaraha Strict Nature Reserve

국가: 마다가스카르(Madagascar)

위치: 중서부(Centre Ouest) 안찰로바구와 마하장가주(dans le Fivondronana d'Antsalova et le Faritany de Mahajanga)

유산 면적: 734,298ha(서울의 약 12배) **등재 연도:** 1990년(2023년 확장)

숲을 이룬 칭기 봉우리들

이 자연보존지역은 웅장하고 아름다운 자연경관이 무척 인상적인 곳입니다. 석회암이 물에 녹아 만들어진 카르스트 지형과 석회암 고지대가 깎여서 만들어진 '칭기(tsingy, 뾰족한 석회암 바위)' 봉우리들이 숲을 이루는 풍경과 장엄한 마남볼로(Manambolo)강의 골짜기, 완만한 구릉과 높은 봉우리들로 이루어져 있습니다.

'칭기'는 마다가스카르의 카르스트 황무지를 표현하는 마다가스카르어에서 비롯되었으며, 영어로 번역하면 '맨발로 걸을 수 없는 곳'이라고 합니다.

인간의 손이 닿지 않은 숲, 호수, **맹그로브**(mangrove) 습지에는 희귀한 멸종위기종 원숭이(반데르데켄시파카)와 새들이 살아갑니다. 그러나 이 지역 동물에 대한 연구는 아직 제대로 이뤄지지 않고 있답니다.

2023년 유네스코에서는 베마라하 칭기 자연보존지역을 비롯해 앙카라판치카(Ankarafantsika), 미케아(Mikea), 치마남페소체(Tsimanampesotse) 등 네 곳의 국립공원과 아날라메라나(Analamerana), 앙카라나(Ankarana) 등 두 곳의 특별 보호구역을 포함하여 '안드레파나 건조림(Andrefana Dry Forests)'을 유산으로 지정, 확장했습니다. 이에 따라 유산을 구성하는 공원과 보호구역은 북쪽 건조림에서 남쪽 건조림까지 이어지는 연속적인 형태를 보이며, 마다가스카르 서부의 건조림 고유종 서식지의 거의 대부분을 아우릅니다. 이로써 이 유산은 마다가스카르의 건조 열대와 아열대 생물군계의 고유성 중심지를 대표하게 되었습니다.

▲ 자연이 만든 조각품

▼ 칭기 봉우리 지질학적으로 최고의 아름다움을 보여 줍니다.

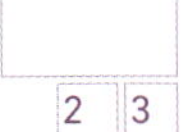

1. 마남볼로강 주변의 독특한 지형 마남볼로(Manambolo)강은 마다가스카르 서부 고산 지대를 흐르며, 길이는 370킬로미터예요.

2. 파리매(Robber fly) 파리매과에 속하는 종은 약 7,500종이며, 전 세계에 분포하는 곤충입니다. 파리와 비슷하지만 파리의 천적으로 파리·나방·나비·벌·모기 등의 곤충을 잡아먹습니다. 크기는 파리류 중 가장 커서 8센티미터에 이르는 것도 있지요.

3. 반데르데켄시파카(von der Decken's sifaka) 마다가스카르 고유종으로 몸길이는 92~107센티미터이며 그중 꼬리는 42~48센티미터입니다. 여우원숭이과에 속한 이 친구는 건조한 마다가스카르 서부에 자리한 낙엽활엽수와 가시가 있는 다육식물 숲에서 살아갑니다. 이름은 독일 탐험가의 이름에서 따와 붙였답니다. 털은 보통 연한 노란색이며 목, 어깨, 등, 네 발은 황금색, 은회색 또는 옅은 갈색을 띱니다. 얼굴은 완전히 검은색이지요. 2~10마리가 무리를 이루며, 3~6마리가 가장 흔합니다. 멸종위기 위급 단계

벨리즈 산호초 보호지역

Belize Barrier Reef Reserve System

국가: 벨리즈(Belize)

위치: 벨리즈 지구Ⅰ, Ⅱ, Ⅲ 지역(Belize District Sites Ⅰ, Ⅱ, Ⅲ), 스탄 크리크 지구Ⅳ, Ⅴ, Ⅵ (Stann Creek District Ⅳ, Ⅴ, Ⅵ), 톨레도 지구 Ⅶ(Toledo District Ⅶ)

유산 면적: 96,300ha(서울의 약 1.6배)

등재 연도: 1996년(2009년 위험에 놓인 세계유산 등재)

환상적인 둥근 모양의 환초

벨리즈의 해안은 북반구 최대 규모의 **보초**(barrier reef), 연안의 환초(atoll), 수백 개의 모래섬, 맹그로브 숲, 연안 석호와 하구 퇴적지로 이루어진 뛰어난 자연 생태계입니다.

호주의 그레이트 배리어 리프(대보초)에 이어 세계에서 두 번째로 큰 이곳의 자연 생태계를 구성하는 일곱 개 지역은 산호초의 발달과 진화의 역사를 그대로 보여 주며, 바다거북, 매너티를 포함한 멸종위기 동물이 살아가는 중요한 곳이기도 합니다.

산호초는 북쪽으로는 멕시코와의 국경선까지, 남쪽으로는 과테말라 국경선 부근까지 뻗어 있습니다. 거대한 환초 세 개가 있으며, 모두 178종의 육상 식물과 247분류군의 해양 식물이 이 지역에서 살아가는 것으로 기록되어 있습니다.

어류의 종류는 500종이 넘고 그 외에도 다양한 산호와 동물이 사는 곳입니다. 특히 이곳에는 세계에서 가장 많은 서인도제도매너티가 살고 있으며, 그 수는 300에서 700마리입니다. 그리고 해안가와 산호섬에 있는 마야 유적지의 조개무지는 약 2,500년 전부터 사람들이 이곳에서 물고기잡이를 했음을 입증한다고 합니다.

▲ 보초

▼ 맹그로브 숲

1. 부채 모양의 아름다운 산호

2. 서인도제도매너티(West Indian manatee) 듀공과 같은 '바다소'에 속하는 포유류입니다. 듀공의 꼬리는 고래처럼 갈라져 있지만, 매너티의 꼬리는 둥글넓적한 노처럼 생겼습니다. 바다풀을 즐겨 먹으며, 작은 물고기와 갯민숭달팽이와 같은 연체동물도 먹는다고 해요.. 멸종위기 취약 단계

3. 산호와 보모상어(Nurse shark) 보모상어는 산호가 무성한 곳에서 살며 보통 상어와는 달리 아가미로 물을 빨아들일 수 있어 계속 헤엄치지 않아도 됩니다. 바다 밑바닥에서 움직이지 않고 가만히 있기도 하지요. 멸종위기 취약 단계

4. 초록곰치(Green moray)와 산호 초록곰치는 수심 40미터에서 발견되며, 최대 몸길이는 2.5미터로 곰치류 중에서 큰 편에 속합니다.

브란겔라섬의 자연보호지역

Natural System of Wrangel Island Reserve

국가: 러시아(Russian Federation)
위치: 추코트카 자치지구(Chukotka Autonomous Area)
유산 면적: 916,300ha(서울의 약 15배) **등재 연도:** 2004년

브란겔랴섬 전경

북극권(Arctic circle, 북극 지역의 남쪽 한계선) 경계에서 훨씬 북쪽에 있는 이 유산은 산이 많은 브란겔랴섬(Wrangel Island, 면적 7,608제곱킬로미터)과 헤럴드섬(Herald Island, 면적 11제곱킬로미터) 그리고 주변 바다를 포함하고 있습니다.

브란겔랴섬은 빙하기에도 빙하로 덮이지 않았기에 생물 다양성이 매우 높아졌다고 합니다. 브란겔랴섬에는 바다코끼리가 세계에서 가장 큰 무리를 이루고 있으며, 멕시코의 고래 보호구역에서 이동해 온 귀신고래가 먹이를 찾는 곳이고, 100종의 철새(이 가운데 많은 종이 멸종위기에 있어요)들이 둥지를 트는, 지구상에서 가장 북쪽에 있는 곳이기도 합니다. 또한 400여 종 이상의 식물이 있습니다.

상대적으로 최근의 것에 속하는 매머드의 엄니와 두개골, 작은 지리적 공간에서의 다양한 지형 형태와 지질학적 형성 등, 이 모든 것은 브란겔랴섬이 풍부한 자연 역사를 품고 있을 뿐만 아니라 북극 지역에서 독특한 진화 상태에 있음을 밝히는 증거이기도 합니다.

▲ 브란겔랴섬 해안 풍경

▼ 헤럴드섬의 절벽

▲ 개체수가 심각하리 만큼 감소했다가 서서히 회복하고 있는 흰기러기(Snow goose) 서식지

▲ 바다코끼리(Walrus) 코끼리처럼 기다란 엄니가 있어서 붙인 이름입니다. 엄니는 어금니가 아니라 '특별히 크고 날카롭게 발달한 이'를 가리킵니다. 앞니가 크게 발달한 것도, 송곳니가 크게 자란 것도 모두 엄니입니다. 바다코끼리의 엄니는 송곳니가 발달한 것으로, 이 엄니로 모래를 파고 조개 등을 먹습니다. 멸종위기 취약 단계

▲ 귀신고래(Grey whale) 수염고래류에 속하며, 물속에서 느리게 헤엄치다가 갑자기 물 밖으로 솟구치는 모습이 마치 귀신처럼 나타난다고 해서 붙인 이름이에요. '회색고래'라고도 하며 몸길이는 14.9~15.2미터, 몸무게는 최대 41~45톤입니다.

브윈디 천연 국립공원

Bwindi Impenetrable National Park

국가: 우간다(Uganda)
위치: 카발레(Kabale), 키소로(Kisoro), 루쿵기리(Rukungiri) 구역
유산 면적: 32,092ha(서울의 약 1/2) **등재 연도:** 1994년

아름다운 브윈디 천연 국립공원 풍경

이 유산은 고도 1,160미터에서부터 2,706미터까지를 아우르며, 르완다의 앨버틴 리프트, 콩고 분지와 동아프리카 생태 구역이 겹치는 우간다 동식물의 가장 중요한 생활 터전입니다. 이 유산의 천연림은 지난날 우간다 서부, 르완다, 브룬디, 콩고민주공화국 동부를 뒤덮었던 거대한 숲 가운데 남아 있는 일부분이라고 합니다. 식물 약 300종 이상, 아프리카 산지 삼림에서 발견되는 나비(고유종 8종을 포함하여, 우간다 전체 84퍼센트인 202종의 나비가 있어요)가 살고 있습니다. 또한 멸종이 우려되는 산고릴라의 주요 서식지로, 산고릴라 전체 개체의 거의 절반(약 340마리)이 이곳에서 삽니다.

아프리카에 사는 고릴라는 크게 서부고릴라와 동부고릴라로 나뉩니다. 서부고릴라는 아프리카 중서부 지역에서, 동부고릴라는 중동부에서 발견됩니다. 서부고릴라와 동부고릴라는 생김새가 매우 비슷하지만, 자세히 보면 털 색에서 차이가 있습니다. 동부고릴라의 털은 검은색, 서부고릴라 털은 짙은 회색이며, 서부고릴라는 이마가 주황색에 얼굴이 짧고 주름이 자글자글하지만, 동부고릴라는 얼굴이 길고 주름이 비교적 적습니다. 몸집은 동부고릴라가 더 큽니다. 각각의 고릴라에는 **아종**이 2종씩 있습니다. 서부고릴라의 아종은 서부로랜드고릴라와 크로스강고릴라, 동부고릴라는 산고릴라와 동부로랜드고릴라가 있습니다. 산고릴라는 고릴라 가운데 털이 가장 길며, 이는 산에서 지내기 때문에 추위를 견디기 위한 특징으로 보입니다. 새 또한 347종이 살고 있는 것으로 기록되어 있듯이, 브윈디 천연 국립공원은 세계적으로 멸종이 우려되는 수많은 생물종의 보호지 역할을 합니다.

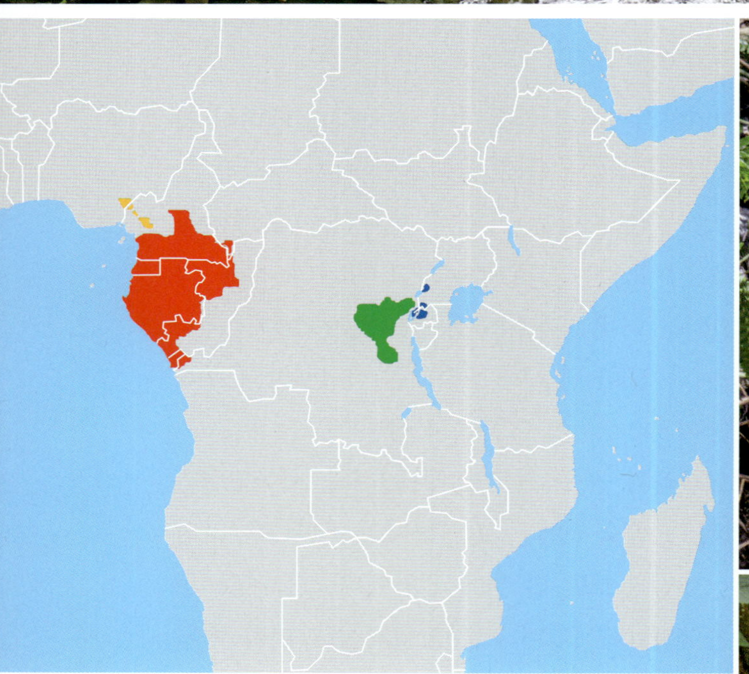

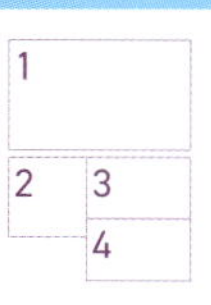

1. 숲속 풍경

2. 고릴라가 사는 곳 빨간색: 서부로랜드고릴라(Western lowland gorilla), 노란색: 크로스강고릴라(Cross River gorilla), 파란색: 산고릴라(Mountain gorilla), 녹색: 동부로랜드고릴라(Eastern lowland gorilla)

3. 산고릴라 가족 멸종위기 위기 단계

4. 산고릴라 수컷

1
2
3

1. 로에스트긴꼬리원숭이(L'Hoest's monkey) 암컷이 이끄는 작은 무리로 생활합니다. 몸길이는 32~69센티미터이고, 끝이 갈고리 모양의 꼬리 길이는 48~99센티미터입니다. 몸무게는 수컷이 약 6킬로그램, 암컷은 3.5킬로그램이며, 턱 아래 흰색 털이 있는 것이 특징입니다. 주로 과일, 버섯, 잎 등을 먹는 초식성이지만 알, 도마뱀, 작은 새를 먹기도 해요. 멸종위기 취약 단계

2. 아프리카청딱새(African Blue Flycatcher) 옅은 파란색을 띠는 작은 딱새입니다. 검은색 부리와 검은색 날개깃에 파란색 테두리가 있으며, 어린 개체는 머리와 날개 덮깃에 희미한 회색 점이 있고 색이 칙칙합니다. 몸길이는 15~18센티미터입니다.

3. 파필리오 안티마쿠스(*Papilio antimachus*) 수컷 영어 이름은 아프리카큰제비꼬리나비(African giant swallowtail)인 이 나비의 날개폭은 18~23센티미터로 아프리카에서 가장 크고, 세계에서도 큰 나비에 속합니다. 수컷과 암컷의 날개 모양이 다릅니다. 수컷 날개는 윗부분이 길쭉하게 크고, 암컷 날개는 작지요. 수컷은 무리 지어 다니며, 암컷은 수컷보다 덜 눈에 띈다고 하네요.

사가르마타 국립공원

Sagarmatha National Park

국가: 네팔(Nepal)
위치: 사가르마타 지역의 솔루쿰부주(Solu-Khumbu District of the Sagarmatha Zone)
유산 면적: 124,400ha(서울의 약 2배) **등재 연도:** 1979년

에베레스트산 중심의 풍경

사가르마타에는 세계 최고봉 에베레스트산(8,484미터)이 솟아 있으며, 그 밖에도 여러 높은 봉우리와 빙하, 깊은 계곡이 있습니다. 이곳에서는 눈표범, 레서판다(Lesser panda)와 같은 희귀종이 발견되며, 독특한 문화를 지닌 셰르파(Sherpa, 네팔 동부 에베레스트산 기슭에 사는 티베트 민족 중 하나로, 티베트어로 '샤르(동쪽)'와 '파(사람들)'에서 비롯되었으며, 이는 티베트족의 기원이 동부에 있다는 것을 의미해요. 히말라야산맥을 등반하는 사람들의 짐을 나르고 길을 안내하는 사람으로 많이 알려졌지요)는 이 지역에 대한 흥미를 더해 줍니다.

텡보체와 같은 신성한 지역이 많은 이 유산은 네팔에서 종교와 문화적으로 중요한 곳입니다. 공원의 경계는 부채꼴 모양에 옆면은 높은 산맥으로 둘러싸인 독특한 지리 구조를 띤 두드코시강 상류를 아우르며, 북쪽 경계는 중국의 티베트(Tibetan) 자치구와 국경을 따라 솟아 있는 히말라야산맥의 주요 부분이고, 남쪽 경계는 몬조(Monjo, 두드코시강 계곡의 해발 2,835미터에 있으며 사가르마타 국립공원 입구와 검문소 바로 아래 있는 작은 마을)까지 뻗어 있습니다. 이곳에는 7,000미터가 넘는 봉우리가 일곱 개나 있으며, 약 50만~80만 년 전에 땅이 솟아올랐다고 합니다. 아직도 느린 속도로 솟아오르고 있다는 증거가 있지만, 알 수 없는 침식 과정이 일어나 이를 상쇄(서로 반대되는 것이 서로 영향을 주어 효과가 없어지는 일)하고 있답니다. 공원의 69퍼센트가 해발 5,000미터 이상의 아무것도 자라지 못하는 땅이고, 28퍼센트는 방목지이며, 약 3퍼센트는 **삼림**입니다.

1. 두드코시(Dudh Kosi)강 '우윳빛 강'이라는 뜻으로 에베레스트산 해발 5,100미터의 빙하 호수에서 시작됩니다. 해발고도(평균 해수면을 기준으로 하여 잰 높이)에서 볼 때 가장 높은 곳에 있는 강이지요.

2. 5월 말 히말라야산맥의 약 4,700미터에서 피어난 꽃

3. 고쿄 호수(Gokyo Lakes) 호수 하나가 아닌, 19개의 호수로 이루어진 호수 지역입니다. 196.2헥타르(서울 면적의 약 1/3) 면적에 걸쳐 있으며, 고도는 4,600~5,100미터로 세계에서 가장 높은 담수 호수입니다. 호수 이름은 네팔 히말라야의 해발 5,357미터 봉우리인 고쿄 리(Gokyo Ri)에서 따왔으며, 고쿄 리 기슭 해발 4,750미터에는 세계에서 가장 높은 마을인 고쿄 마을이 있어요. 힌두교와 불교에서 신성하게 여기는 호수입니다.

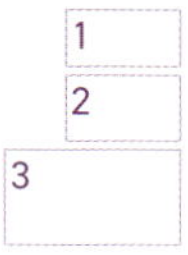

1
2
3

1. 눈표범(Snow leopard) 이 친구에게는 산악과 추운 환경에서 살아남으려고 적응한 여러 가지 특징이 있습니다. 작고 둥근 귀는 몸의 열 손실을 줄이고, 넓은 발은 눈 위를 걸을 때 몸무게가 어느 한쪽으로 쏠리지 않게 하지요. 발바닥에 털이 있어 가파르고 울퉁불퉁한 표면에서 미끄러지지 않을 뿐만 아니라 열 손실을 줄이는 데도 도움이 됩니다. 또 지방이 저장된 굵은 꼬리는 두툼한 털로 덮여 있어 눈표범이 잠을 잘 때 얼굴을 보호하기 위해 담요처럼 사용할 수 있답니다. 멸종위기 취약 단계

2. 셰르파의 마을 남체 바자르(Namche Bazaar) 이 마을은 해발 3,440미터에 있으며, 에베레스트 지역에서 인기가 많지요. 셰르파는 대부분 남체 지역 출신이며, 관광업에 종사하고 있습니다.

3. 텡보체 사원(Tengboche Monastery) 셰르파 공동체의 티베트 불교 사원으로 사가르마타 국립공원 한가운데 있어요. 히말라야산맥의 유명한 봉우리들이 보이는 탁 트인 전망으로 유명합니다.

샤크만 Shark Bay, Western Australia

국가: 호주(Australia)
위치: 서부 오스트레일리아주(State of Western Australia)
유산 면적: 2,200,902ha(서울의 약 36배) **등재 연도:** 1991년

자위트드롭 절벽(Zuytdorp cliffs) 약 150킬로미터까지 뻗어 있으며, 절벽 꼭대기는 바다에서 250미터 높이에 있습니다. 1712년 이곳에 난파된 네덜란드의 무역선(Zuytdorp)의 이름을 따서 붙였다고 해요.

호주 대륙의 서쪽 끝, 여러 섬에 둘러싸여 있는 샤크만에는 뛰어난 생태계 특성 세 가지가 있습니다. 세계에서 가장 넓은 지역에 거대하고 풍성한 바다풀이 숲을 이루고, 듀공 무리가 살고 있으며, 지구에서 가장 오래된 생명체 가운데 하나인 스트로마톨라이트가 이곳에 있습니다.

샤크만은 멸종위기에 놓인 부디 등의 포유동물 5종이 사는 곳이기도 합니다. 호주에 사는 새의 종 가운데 35퍼센트에 이르는 230여 종 이상이 살고 있으며, 다양한 해양 동물이 사는 곳으로도 유명합니다. 예를 들어 약 11,000마리의 듀공 개체군은 세계에서 가장 규모가 크고, 혹등고래(Humpback)와 남방긴수염고래(Southern right whale)는 샤크만을 이동 중간 기착지로 이용합니다. 큰돌고래(Bottlenose dolphin)도 샤크만에 나타나며, 바다거북과 붉은바다거북은 해안에 알을 낳습니다. 그 밖에 상어와 가오리 무리도 있습니다.

1. 샤크만 위성 사진 청록색으로 보이는 바다가 육지 쪽으로 파고든 만(Bay)의 특징이 보입니다. 이 지역 원주민들은 그들의 언어로 샤크만을 '두 개의 물(Gathaagudu)'이라고 불렀다고 하지요.

2. 샤크만(왼쪽) 옆에 있는 작은 호수의 환상적인 풍경

3. 스트로마톨라이트(Stromatolite) 얕은 물에서 퇴적물 알갱이들이 미생물 등에 갇혀 굳어지면서 오랜 시간 쌓인 구조입니다. 35억 년 이전에 만들어진 것도 있어 지구상의 생명체가 남긴 화석 중 가장 오래된 기록이라고 해요.

1. 부디(Boodie) 쥐캥거루라고 불리는 동물 중 하나로, 호주에 사는 작고 털이 많은 쥐와 비슷한 포유류입니다. 원래는 호주 전 지역에서 흔했지만, 사람들이 들여온 토끼, 고양이, 여우 등과 경쟁하고 사는 곳의 환경이 파괴되면서 이제는 멸종위기를 걱정하게 되었어요. 굴을 파고 살며 밤에 활동하는 초식동물로 알려졌습니다. 크기는 토끼만 하며 캥거루와 마찬가지로 새끼를 주머니에 넣고 다니지요. 멸종위기 취약근접 단계

2. 가시도마뱀(Thorny devil) 호주의 고유종이며, 몸길이(꼬리 포함)가 21센티미터까지 자라고, 암컷이 수컷보다 큽니다.

3. 듀공(Dugong) 매너티와 비슷하게 생겨 착각하기 쉽지만 다릅니다. 듀공의 꼬리는 고래처럼 갈라졌고, 매너티의 꼬리는 둥글넓적한 노처럼 생겼습니다. 듀공은 발톱이 없으며, 매너티는 지느러미발에 발톱이 있습니다. 그리고 듀공이 매너티보다 더 오래전에 나타난 동물이라고 해요. 몸길이는 보통 3미터를 넘지 않으며, 몸무게는 약 420킬로그램이라고 하네요. 매너티는 몸길이가 최대 4미터이고 몸무게는 최대 590킬로그램으로 알려졌습니다. 멸종위기 취약 단계

세렝게티 국립공원 Serengeti National Park

국가: 탄자니아(United Republic of Tanzania)
위치: 마라, 아루샤, 신양가주(Mara, Arusha, and Shinyanga Provinces)
유산 면적: 1,476,300ha(서울의 약 24배) **등재 연도:** 1981년

아프리카코끼리의 이동

'세렝게티'라는 이름은 마사이어의 '시링게트(siringet)'에서 비롯되었다고 하며, 이는 '끝없는 평원'을 뜻합니다. 그러나 이 단어는 마사이어 사전에는 올라 있지 않다고 하네요. 세렝게티는 아프리카에서 가장 많은 사자가 사는 것으로 알려졌지만 사람들이 이곳을 개발하려고 나무를 마구 베어 내 서식지가 위협받고 있습니다.

세렝게티는 사바나(열대초원)부터 구릉 삼림(언덕에 나무가 많이 우거진 숲), 탁 트인 초원까지 매우 다양하게 이루어졌습니다. 이곳에는 초식동물과 포식자들이 세계 최대 규모로 무리를 이루며 살고 있습니다. 이 동물들은 끊임없이 국립공원 전 지역을 거쳐 이동하며, 중앙 평원을 떠나 마르지 않는 물웅덩이가 있는 서쪽으로 떼를 지어 우르르 이동하는 5월과 6월에는 최고의 멋진 광경을 연출합니다. 해마다 가장 큰 규모로 이동하는 동물로는 누(Gnu, 1950년대 190,000마리, 1989년 1,690,000마리, 1991년 1,270,000마리), 얼룩말(약 200,000마리), 톰슨가젤(Thomson's gazelle), 일런드(Eland), 토피영양(Topi) 등이 있으며, 이들은 각자 즐겨 먹는 풀을 뜯어 먹습니다. 이런 초식동물의 뒤를 따라 사자(약 3,000마리), 점박이하이에나(Spotted hyena), 줄무늬하이에나(Striped hyena), 옆줄무늬자칼, 검은등자칼 등이 움직입니다. 또한 조류는 500종 이상이 있으며 20,000개체 이상의 물새도 있습니다. 이곳은 생명의 다양성을 보여 주는 동시에 다양한 생물이 의지하는 곳이기도 합니다.

▲ 누와 얼룩말이 있는 세렝게티 풍경 푸른누(Blue wildebeest)는 보통 '누', '흰수염누' 또는 '얼룩진누'라고도 하는 큰 영양입니다. 푸른누는 아종이 5종 있는 것으로 알려졌습니다. 이 영양은 어깨가 넓은 근육질이라 앞쪽이 무거워 보이고, 주둥이가 독특하고 튼튼합니다. 어린 푸른누는 황갈색으로 태어나 2개월이 되면 성체의 몸 색으로 바뀌기 시작합니다. 성체의 털 색은 진한 초록빛을 띤 회색이거나 푸른빛을 띤 회색에서 밝은 회색 또는 회갈색까지 다양해요. '푸른누'는 은빛 파란색 광택을 띤 털 색을 가리키며, 우리가 보통 부르는 '누(gnu)'는 남서아프리카의 토착 목축인이 부르는 이름에서 비롯되었습니다. 암수 모두 구부러진 커다란 뿔이 한 쌍 있으며 초식동물이라 주로 짧은 풀을 먹습니다. 푸른누는 탄자니아, 앙골라, 보츠와나, 케냐, 모잠비크, 남아프리카공화국, 스와질란드, 잠비아, 짐바브웨가 고향이지요.

◀ 검은누(Black wildebeest) 영양의 또 다른 한 종인 푸른누와 쉽게 구별되는 점은 꼬리가 흰색이며, 짙은 갈색에서 검은색을 띤 털, 앞다리 사이와 배 아래에 길고 검은빛을 띤 털이 있어요.

▲ 물을 마시는 사자 가족

◀ 암사자의 사냥

▲ 물웅덩이에 무리 지어 있는 하마

▶ 그물무늬기린(Reticulated giraffe) 케냐, 에티오피아와 소말리아의 초원에서 생활합니다. 두 기린의 무늬를 비교해 보세요. 멸종위기 위기 단계

▼ 마사이기린(Masai giraffe) 그물무늬기린보다 더 크고 사납다고 하지요. 탄자니아, 케냐 중부와 남부 사바나 지대에서 삽니다. 탄자니아의 나라 동물이에요. 멸종위기 위기 단계

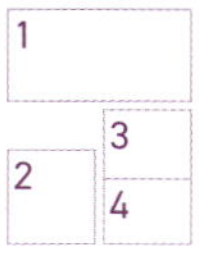

1. 표범

2. 큰귀여우(Bat-eared fox) '박쥐귀여우'라고도 합니다. 체온 조절에 중요한 역할을 하는 큰 귀의 특징을 살려 붙인 이름이지요. 독특하게 주로 곤충을 먹습니다. 코를 땅에 대고 귀를 앞으로 기울인 채 천천히 걸으면서 청각으로 먹이를 찾아요.

3. 옆줄무늬자칼(Side-striped jackal) 주로 삼림지대와 관목 지역에 살며, 유전적으로 아주 가까운 검은등자칼은 탁 트인 평야를 좋아한답니다.

4. 검은등자칼(Black-backed jackal)

세하도 열대우림 보호지역: 차파다 두스 베아데이루스와 에마스 국립공원

Cerrado Protected Areas: Chapada dos Veadeiros and Emas National Parks

국가: 브라질(Brazil)
위치: 중부 브라질고원(Central Brazil Plateau), 고이아스주(Goiás State)
유산 면적: 381,430ha(서울의 약 6배) **등재 연도:** 2001년

리오프레토 폭포(Rio Preto Falls, 높이 120미터)

유산으로 지정된 두 지역인 차파다 두스 베아데이루스(Chapada dos Veadeiros) 국립공원과 에마스(Emas) 국립공원은 세하도 지역의 특징적인 동식물과 주요 서식지를 포함하고 있습니다.

이 유산은 폭포와 수정처럼 맑은 샘이 있는 넓은 고원으로 이루어져 있으며, 자연경관이 뛰어나게 아름답습니다. 바위로 된 깊은 골짜기와 계곡이 고지대를 가로지르는 세하도는 세계에서 가장 오래되고 다양한 열대 생태계 중 하나입니다.

수천 년에 걸쳐 이 지역은 기후변화의 기간에 여러 생물의 피난처 역할을 해 왔으며, 앞으로 벌어질 기후변화에도 생물 다양성을 유지하는 데 반드시 중요한 역할을 하게 될 것입니다.

1. 차파다 두스 베아데이루스 국립공원 18억 년으로 추정되는 고원으로, 해발 600~1650미터인 이곳은 브라질 중부에서 가장 높은 곳에 자리한 평야입니다.

2. 늑대사과 열매 갈기늑대의 먹이 가운데 50퍼센트 이상을 차지하여 붙인 이름입니다.

3. 늑대사과(Wolf apple) 꽃

4. 갈기늑대(또는 갈기이리, Maned wolf) 갈기가 있는 이리라는 뜻으로 붙인 이름이며 생김새가 여우와 비슷합니다. 검은색 긴 다리도 특징입니다. 멸종위기 취약근접 단계

1 2
3

1. 엉덩이를 들어 올린 피살레무스 나테레리(*Physalaemus nattereri*) 이 개구리는 브라질 중부와 남동부, 볼리비아 동부, 파라과이에서 발견됩니다. 보통 '쿠야바난쟁이개구리(Cuyaba dwarf frog)'라 하며, 지역 사람들은 '네눈박이개구리'라고 해요. 이 개구리는 엉덩이 쪽에 홑눈이 한 쌍 있습니다. 위험에 놓이면 개구리는 폐를 부풀리고 머리를 숙인 다음 엉덩이를 들어 올려 마치 더 큰 동물이 포식자를 마주 보고 있는 듯한 착시 효과를 내지요. 홑눈이 무서운 독샘이 있습니다.

2. 피살레무스 나테레리 거대한 물장군(*Lethocerus*)에게 공격받고 있어요.

3. 곱슬볏어치(Curl-crested jay) 수컷 남아메리카가 고향인 이 새는 국립공원에서 흔하게 보입니다. 몸길이 약 35센티미터로 아름답고 큰 새입니다. 볏은 수컷이 크지만, 암수가 매우 비슷합니다. 6~12마리가 무리를 이루어 살고 있으며, 포식자를 감시하려고 어른 새가 주변을 살피며 지킨다고 해요.

셀루스 동물보호구역 Selous Game Reserve

국가: 탄자니아(United Republic of Tanzania)
위치: 프와니주(Pwani Region), 모로고로(Morogoro), 린디(Lindi), 음트와라(Mtwara), 루부마(Ruvuma) 지역
유산 면적: 5,120,000ha(서울의 약 84.6배) **등재 연도:** 1982년(2012년 확장)

루피지강(Rufiji river)이 흐르는 풍경 루피지강(길이 약 600킬로미터)은 탄자니아에서 가장 크고 긴 강입니다. 탄자니아 남서부에서 시작해서 인도양으로 흐르지요.

현재 아프리카에 남아 있는 야생 지역 가운데 최대 규모에 속하는 셀루스 동물보호구역은 생태학적, 생물학적 과정에서 인간의 간섭을 비교적 적게 받았습니다. 셀루스 북쪽의 나무가 우거진 초원 대부분은 계절에 따라 루피지강이 불어나 물에 잠기기를 거듭하여 역동적인 생태계가 생겨났습니다.

셀루스 동물보호구역은 미옴보(Miombo, 열대와 아열대 초원, 사바나와 **관목** 식물이 어우러진 것이 특징. 습한 기후에서 반건조 기후, 열대에서 아열대 또는 온대 기후까지 다양한 기후를 보이는 숲)의 여러 숲 중에서도 생물종이 가장 다양하게 밀집된 곳입니다. 기록에 따르면, 2,100종 이상의 식물이 이곳에서 자라며, 멀리 남쪽 숲에는 더 많은 종이 있을 것으로 여겨집니다.

또한 이 유산에서 살아가는 아프리카코끼리(106,300마리), 검은코뿔소(2,135마리), 아프리카들개(리카온) 등의 무리는 세계적으로 중요합니다. 하마(18,200마리)와 아프리카물소(204,015마리)의 군집도 세계 최대 규모에 속합니다. 이 밖에도 다양한 동물이 무리를 이루어 살고 있으며, 자연 상태로 생물 다양성이 보존되어 있는 곳으로 매우 중요한 공간입니다.

1. 알로에(Aloe) 꽃의 꿀을 먹는 남부이중목덜미태양새(Southern double-collared sunbird) 수컷 태양새(sunbird) 무리는 벌새 무리와 생김새가 비슷하지만, 벌새와는 달리 보통 앉아서 꽃꿀을 먹습니다. 벌새처럼 정지 비행해서 꽃꿀을 먹는 태양새도 있기는 해요.

2. 남부이중목덜미태양새 암컷

3. 콜로티스 레지나(*Colotis regina*) 흰나비과에 속하며, 보라색 날개 끝이 특징(날개 길이는 45~62밀리미터)입니다.

▲ 아프리카들개(또는 리카온, African wild dog) '케이프사냥개'라고도 하며, 아프리카에서 가장 큰 야생 개입니다. 낮에도 활동하지만, 주로 새벽과 해질 녘에 발굽 동물들을 사냥합니다. 무리 지어 사냥하며, 사자와 점박이하이에나가 경쟁자이지요. 멸종위기 위기 단계

▼ 대머리황새(Marabou Stork, 왼쪽)와 아프리카바다수리(African Fish Eagle)의 다툼 대머리황새(또는 아프리카황새)는 황새 중에서 몸집이 가장 크며 날개 편 길이가 거의 3미터에 이른다고 합니다. 죽은 동물을 먹는 것으로 알려졌지만 실제로는 살아 있는 물고기나 곤충, 파충류, 소형 포유류 따위를 더 많이 잡아먹는다고 해요. 아프리카바다수리는 주로 물고기를 사냥하는 대형 독수리입니다.

▲ 노랑개코원숭이(Yellow baboon)의 산책 주둥이와 머리 모양이 개를 닮아서 붙인 이름입니다. 수컷은 약 84센티미터까지, 암컷은 약 60센티미터까지 자라며, 꼬리가 거의 몸길이에 버금갈 만큼 깁니다. 탄자니아, 케냐 그리고 보츠와나에 이르는 동아프리카의 사바나와 나무가 별로 없는 숲에서 삽니다. 과일을 좋아하며, 식물뿐만 아니라 곤충도 먹는 잡식성 동물이지요. 아종이 3종 있습니다.

▼ 아프리카물소(African Buffalo) 떼 1미터에 가까운 뿔이 머리에서 아래로 휜 뒤 다시 위쪽으로 향하는 독특한 생김새입니다. 수컷은 머리 위의 뿔이 시작되는 부위가 매우 두껍게 발달되어 있습니다. 가장자리에 털이 많은 큰 귀가 밑으로 늘어져 있는 생김새도 특징입니다. 암컷이 무리를 이끌어요. 멸종위기 취약근접 단계

▲ 죽은 동물을 놓고 싸움을 벌이는 하이에나와 대머리독수리(White-backed vulture, 멸종위기 위급 단계)

▼ 미옴보 숲에서 핀 화려한 글로소스텔마 스파툴라툼(*Glossostelma spathulatum*) 꽃

수마트라의 열대우림 지역

Tropical Rainforest Heritage of Sumatra

국가: 인도네시아(Indonesia) **위치:** 수마트라섬의 낭그로에 아체 다루살람(Nanggroe Aceh Darussalam), 북부 수마트라(Sumatra Utara) 잠비(Jambi), 서부 수마트라(Sumatra Barat) 람풍(Lampung), 남부 수마트라(Sumatra Selatan) 벵쿨루(Bengkulu)

유산 면적: 2,595,124ha(서울의 약 43배)

등재 연도: 2004년(2011년 위험에 놓인 세계유산 등재)

라오스
태국
캄보디아
베트남
필리핀
말레이시아
구눙 레우서
크린치 스블랏
인도네시아
부킷 바라산 슬라탄
호주

구능 레우서(Gunung Leuser) 국립공원 풍경

수마트라의 열대우림 지역은 그능 레우서(Gunung Leuser), 크린치 스블랏(Kerinci Seblat), 부킷 바리산 슬라탄(Bukit Barisan Selatan)의 세 국립공원으로 이루어져 있습니다. 멸종위기 생물종을 비롯하여 수마트라 고유의 다양한 생물이 오랫동안 살아왔고, 또 살아가는 데 큰 역할을 하는 곳입니다.

식물 10,000여 종과 포유동물 200여 종, 조류 580여 종이 살아가는 곳으로, 조류 중 465종이 텃새이며 21종은 고유종입니다. 포유동물 중 22종은 인도네시아의 크고 작은 섬에서만 발견되는 아시아 종이며, 고유종인 수마트라오랑우탄을 포함하여 15종은 인도네시아 지역에서만 살아갑니다.

이 지역은 섬의 진화에 관한 생물지리학적 증거도 보여 주고 있습니다. 세계에서 가장 큰 꽃인 라플레시아, 꽃의 키가 가장 큰 타이탄아룸도 이곳에 있습니다. 이곳의 저지대에 남아 있는 숲은 동남아시아의 저지대 **산림**에서 빠르게 사라져 가는 동식물의 다양성을 보전하는 데 매우 중요합니다. 마찬가지로 산악지대 우림(열대식물의 숲)도 멸종 위험은 덜 하지만 이 지역의 독특한 산악 식생을 보존하는 데 매우 중요한 곳입니다.

1. 크린치 화산(Volcano Kerinci) 크린치 스블랏(Kerinci Seblat) 국립공원

2. 크린치 스블랏 국립공원에서 만난 수마트라호랑이(Sumatran tiger)

3. 수마트라오랑우탄(Sumatran orangutan) 오랑우탄은 '숲속의 사람'이라는 뜻입니다. 수마트라오랑우탄은 여느 오랑우탄과는 달리 거의 대부분 나무에서 생활합니다. 수마트라호랑이와 같은 위험한 동물과 부딪치지 않으려고 나무에서 내려오지 않기 때문이지요. 멸종위기 위급 단계

4. 토마스랑구르(Thomas's langur) 수마트라 북부 지역의 고유종으로 서식지가 줄어들어 생존을 위협받고 있습니다. 멸종위기 취약 단계

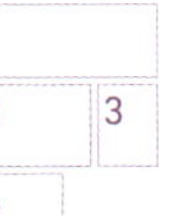

▲ 라플레시아(*Rafflesia arnoldii*) 세계에서 가장 큰 꽃이지만, 살이 썩는 듯한 냄새가 불쾌해서 '시체꽃'이라는 별명이 있습니다.

▶ 검은색과 흰색의 대비가 신비로운 귀뚜라미

▼ 타이탄아룸(Titan arum) 꽃의 키가 가장 큰 식물이며, 라플레시아처럼 냄새가 고약해 마찬가지로 '시체꽃'이라고도 합니다.
멸종위기 위기 단계

순다르반스 Sundarbans

국가: 방글라데시(Bangladesh)
위치: 남서부 지역의 쿨나주(Khulna Division)
유산 면적: 139,500ha(서울의 약 2배) **등재 연도:** 1997년

세계에서 가장 규모가 큰 멍그로브 숲 맹그로브는 아열대나 열대의 해변이나 민물과 바다가 만나는 지역(기수역)의 소금기가 있는 습지에서 자라는 나무입니다.

순다르반스는 벵골만에서 갠지스강(Ganges, 인도와 방글라데시를 가로지르는 강. 길이 2,525킬로미터), 브라마푸트라강(Brahmaputra river, 중국 남서부, 인도 북동부, 방글라데시를 흐르는 강. 길이 3,000킬로미터), 메그나강(Meghna river, 방글라데시의 주요 강으로 길이 130킬로미터)이 만나는 삼각주에 자리 잡은 세계에서 가장 규모가 큰 맹그로브 숲입니다. 이곳의 약 55퍼센트가 삼림이고 45퍼센트는 습지로 이루어졌답니다. 전체 맹그로브 숲 면적의 약 66퍼센트는 방글라데시, 나머지 34퍼센트는 인도에 속해 있습니다.

이 지역은 260여 종의 조류, 벵골호랑이 그리고 인도비단뱀(Indian python, 멸종위기 취약근접 단계)과 같은 멸종위기종을 비롯해 다양한 동물이 사는 곳이자 벵골 유역 하류에 남아 있는 다양한 동물종이 사는 유일한 서식지이기도 합니다. 현재 포유류 49종이 사는 것으로 기록되어 있는데, 이 중에서 자바코뿔소(Javan rhinoceros), 물소(Water buffalo), 바라싱가, 인도들소(Gaur), 돼지사슴(Hog deer)까지 최소 5종 이상의 희귀종이 21세기가 시작된 이후 이 지역에서 결종 위험에 놓인 것으로 추정됩니다.

방글라데시와 인도의 순다르반스 지역은 벵골호랑이의 최대 서식지로 약 350여 개체가 살고 있으며, 멧돼지(Wild boar), 큰 수로에 이따금 나타나는 갠지스강돌고래(Ganges River dolphin) 등이 살아갑니다. 3종의 수달 중 비단수달은 어부들이 길들여 물고기를 그물 속으로 몰아가는 데 활용합니다. 수로를 따라 만나는 다양하고 화려한 새 무리도 순다르반스의 매력 가운데 하나입니다. 물총새(Kingfisher) 9종과 우아한 흰배바다수리를 포함해 약 315종의 물새류, 맹금류, 산새류가 살고 있습니다.

▲ 맹그로브 숲 맹그로브가 자라는 진흙 속에는 산소가 부족해지기 쉬워 뿌리 일부가 공기뿌리의 하나인 '호흡뿌리'를 만들어 땅 밖으로 뻗어 나와 호흡을 합니다.

▼ 벵골호랑이(Bengal tiger) '인도호랑이'라고도 하며, 사는 지역의 환경에 따라 시베리아호랑이보다 털이 짧습니다.

1
2
3

1. 바라싱가(Barasingha, 왼쪽 암사슴과 새끼, 오른쪽 수사슴) '늪사슴(Swamp deer)'이라고도 해요. 순다르반스에서는 절멸된 것으로 알려졌으며, 인도 북부와 중부에 흩어져 있다고 합니다. 뿔이 세 개 이상의 갈래가 있다는 점에서 모든 인도 사슴 종과 다릅니다. 바라싱가는 어깨높이가 110~120센티미터, 몸길이는 약 180센티미터인 큰 사슴에 속합니다. 멸종위기 취약 단계

2. 흰배바다수리(White-bellied sea eagle) '흰배수리'라고도 합니다. 이름처럼 머리, 가슴, 날개 아래 덮개, 꽁지깃이 하얗습니다. 물 근처에서 살아 먹이의 절반이 물고기이며 상황에 따라 죽은 동물이나 다양한 동물을 사냥해요.

3. 비단수달(Smooth-coated otter) 등을 따라 짧고 매끈한 털은 짙은 갈색에서 붉은색을 띤 갈색이며, 몸 아래쪽은 밝은 회갈색을 띠고 있습니다. 보통 수달 종보다는 머리가 더 둥글고 코에 다이아몬드 모양의 털이 없으며, 꼬리가 평평해 다른 수달의 둥글거나 원통 모양인 꼬리와 구별되지요. 멸종위기 취약 단계

스레바르나 자연보호지역

Srebarna Nature Reserve

국가: 불가리아(Bulgaria)
위치: 실리스트라(Silistra) 지방의 스레바르나(Srebarna),
실리스트라시 서쪽 16km, 도나우강 남쪽 1km
유산 면적: 638ha(서울의 약 1/95) **등재 연도:** 1983년(2008년 경계 수정)

사다새(Dalmatian Pelican)가 있는 풍경

도나우강 근처의 스레바르나 자연보호지역은 지난날 불가리아의 중요한 습지 전형이 잘 보존되어 있습니다. 희귀종이나 멸종위기에 놓인 야생 조류 100여 종의 번식지이며, 약 80종의 철새들이 해마다 이곳에서 겨울을 납니다. 갈대로 이루어진 갈대밭 섬과 물에 잠긴 버드나무 습지는 조류의 중요한 번식지이며, 도나우강을 따라 호수의 북서쪽 강기슭으로 오르다 보면 흰버드나무가 울창한 숲을 이루고 있습니다. 가장 희귀한 새로는 사다새(멸종위기 취약근접 단계), 대백로(Great egret), 해오라기, 붉은왜가리, 적갈색따오기, 노랑부리저어새(Eurasian spoonbill) 등이 있습니다.

이곳에는 난쟁이가마우지(Pygmy cormorant), 적갈색흰죽지(또는 검은흰죽지), 흰꼬리수리(White-tailed eagle), 메추라기뜸부기(Corn crake) 등 전 세계적으로 보전이 우려되는 4종의 번식 개체수가 가장 많을 뿐만 아니라 불가리아에서 유일한 사다새의 군락지입니다. 또한 173종에 이르는 조류의 중요한 서식지이며, 그 가운데 8종이 유럽의 보호조류이고 9종은 전 세계적으로 멸종위기에 놓인 조류로 등록되어 있습니다.

이 지역에서 발견된 식물군은 67종이며 여기에는 수련과 독특한 습지 식물군이 포함되어 있습니다. 갈대는 보호구역의 3분의 2 지역을 차지하며, 호수 주변에 두꺼운 보호벽을 이루고 있습니다. 도나우강의 **범람원**에 자리한 담수호는 1949년에 강과 분리되면서 해마다 홍수 피해를 막았지만 호수의 수면이 매년 1미터씩 낮아졌습니다. 1978년 호수의 수면이 너무 낮아지지 않게 운하가 건설되면서 다시 도나우강과 연결되었으며 이로써 다양한 호수 생태계가 회복되었습니다. 이 자연보호구역은 해마다 거듭되는 갈대의 대규모 퇴적과 비정상적인 급격한 성장, 도나우강의 물 부족과 함께 상류에서의 댐 건설 등의 영향으로 도나우강과 스레바르나의 환경 특성이 바뀌고 있답니다.

▲ 흰버드나무(White willow) 잎 앞면과 다르게 잎 뒷면이 흰색이라 나무를 멀리서 보면 희끗희끗하게 보입니다. 잎 뒷면이 매우 가늘고 부드러운 흰 털로 덮여 있어 희게 보이지요.

▲ 붉은왜가리(Purple heron) 보통 회색왜가리와 생김새가 비슷하지만 크기가 약간 더 작고 날씬하며, 깃털이 어두운 색을 띱니다. 붉은빛을 띤 목에 검은색 줄이 있습니다. 물 근처, 특히 갈대밭 근처에 식물들이 빽빽하게 자란 곳을 좋아하며 경계가 심해요.

▲ 적갈색따오기(Glossy ibis) 깃털이 적갈색(붉은빛을 띤 갈색)의 구릿빛을 띠고 있어 '청동따오기'라고도 해요. 부리가 낫 모양이며, 번식기에 붉은빛을 띤 갈색 깃털과 동그라미 안의 개체처럼 번식하지 않을 때와 어린 개체의 깃털은 사뭇 다릅니다.

1
2
3

1. 해오라기(Black-crowned night heron, 학명 *Nycticorax nycticorax*) 우리말 이름 해오라기에서는 생태를 정확하게 파악할 수 없지만, 영어명과 학명에서는 이 새의 생태 정보를 보여 줍니다. 영어 이름(Night heron)을 직역하면 '밤왜가리'로 이 새의 야행성을 나타내고 있으며, 학명은 '밤까마귀'라는 뜻입니다. 이는 우는 소리가 까마귀와 같아 붙인 이름이라고 해요.

2. 적갈색흰죽지(Ferruginous Duck) 수컷 눈이 아주 연한 노란색인 수컷과는 달리 암컷은 검은색입니다.

3. 적갈색흰죽지 암컷

시미엔 국립공원 Simien National Park

국가: 에티오피아(Ethiopia)
위치: 곤다르 지방(Gondar Region) **유산 면적:** 13,600ha(서울의 약 1/4)
등재 연도: 1978년(1996년 위험에 놓인 세계유산 등재)

대규모 침식작용으로 빚어진 톱니 모양의 산봉우리

에티오피아고원은 수백만 년에 걸쳐 비와 바람, 빙하 등으로 차차 깎이면서 톱니 모양의 산봉우리와 깊은 계곡, 높이 1,500미터의 깎아지른 듯한 절벽을 만들어 냈습니다. 이곳은 세계에서 아주 멋진 경관으로 손꼽힙니다.

이곳에 자리한 시미엔 국립공원은 구멍 난 현무암이 풍부하여 마치 대접에 물을 담아 두듯이 물을 모으는 분지 역할을 합니다. 두 차례의 우기(1년 중 비가 많이 오는 시기)와 북에서 남으로 국립공원을 누비며 흐르는 메이샤샤강(Mayshasha river)의 물을 모아 두는 것이지요.

그 결과, 이곳에는 야생동물과 식물이 다양하게 살아가고 있습니다. 겔라다개코원숭이, 에티오피아늑대, 유일하게 이곳에서만 발견되는 염소인 왈리아아이벡스 등과 같은 희귀 동물의 서식지입니다. 식물은 아프리카 고산지대의 삼림과 황야지대의 삼림 등이 섞여 있습니다.

1. 로벨리아 린초페탈룸(*Lobelia rhynchopetalum*) 에티오피아에서만 삽니다. 기후변화의 위협을 받는 것으로 알려진 이 식물은 높이 최대 6.5미터까지 자라지요.

2. 에리카 아르보레아(*Erica arborea*) 나무가 매우 단단하고 불에 잘 타지 않아서 담배 파이프를 만드는 데 쓰입니다.

3. 두꺼운부리까마귀(Thick-billed raven) 까마귀 종류 가운데 큰 까마귀로 몸길이는 평균 64센티미터입니다. 옆으로 눌린 매우 두꺼운 부리가 특징입니다. 부리 길이는 8~9센티미터이며, 전체적으로 광택이 나는 검은색에 부리 끝이 흰색이지요. 목 뒤쪽에 흰색 무늬가 있습니다.

4. 겔라다개코원숭이(Gelada) 에티오피아고원에서만 발견되는 원숭이입니다. 이름에 '개코원숭이'가 있지만 개코원숭이는 아닙니다. 대부분 땅에서 생활하며 초원에서 먹이를 찾는 데 많은 시간을 보냅니다. 어른 수컷은 등에 길고 두툼한 망토 같은 털이 있습니다. 가슴에 모래시계 모양으로 드러난 피부가 특징이며, 수컷은 밝은 빨간색, 암컷은 이보다 덜 밝습니다. 그러나 짝짓기 시기에는 암컷도 밝은색을 띱니다.

5, 6. 겔라다개코원숭이(수컷)

▶ 에티오피아늑대(Ethiopian wolf) '시미엔자칼(Simien jackal)' 또는 '시미엔여우(Simien fox)'라고도 합니다. 이 늑대는 머리가 길고 뾰족하며 붉은색과 흰색 털이 특징입니다. 해발 3,000~4,500미터의 고립된 초원에서 살며, 이곳에 살아가는 설치류(쥐, 다람쥐 같은 동물)를 주로 사냥합니다. 보통 늑대나 여우의 먹이가 다양한 것에 비하면 독특한 점이지요. 멸종위기 위기 단계

▲ 왈리아아이벡스(Walia ibex) 수컷 암컷의 뿔은 짧고 가늘며 가볍지만, 뒤로 휜 수컷의 뿔은 길이가 최대 110센티미터에 이릅니다. 수컷의 몸무게는 80~125킬로그램입니다. 해발 2,500~4,500미터의 매우 가파르고 바위가 많은 절벽 지역에서 삽니다. 멸종위기 취약 단계

▶ 왈리아아이벡스 암컷과 새끼

신하라자 삼림 보존지역
Sinharaja Forest Reserve
국가: 스리랑카(Sri Lanka)
위치: 사바라가무와주와 남부주(Sabaragamuwa and Southern Provinces)
유산 면적: 8,864ha(서울의 약 1/7) 등재 연도: 1988년
파키스탄
네팔
부탄
중국
방글라데시
베트남
미얀마
라오스
인도
태국
캄보디아
스리랑카
신하라자 삼림 보존지역
말레이시아
인도네시아

신하라자 숲을 흐르는 강

스리랑카 남서부에 있는 신하라자 삼림 보존지역은 이 나라에 마지막으로 남은 원시 열대우림 지대입니다. 신하라자 지역은 스리랑카인들에게 오랜 옛날부터 전설과 전통의 땅이었습니다. '신하라자'라는 이름은 사자를 뜻하는 '신하(sinha)'와 왕을 뜻하는 '라자(raja)'에서 비롯되었지만, 원래는 스리랑카의 전설적인 '사자 부족'에 해당하는 '신할리족'의 거대한 숲을 의미하거나, 스리랑카의 전설적인 사자가 살던 고향을 의미한다고 합니다.

이 지역에서 자라는 나무 종류 60퍼센트 이상이 고유종이며, 그 가운데 16종이 희귀종이라고 합니다. 동물의 고유성도 높은 편이며, 특히 스리랑카의 고유 조류 20종 가운데 19종이 이곳에서 서식하며, 포유류와 나비는 50퍼센트를 넘어섭니다. 그 밖에도 곤충, 파충류, 희귀 양서류도 함께 발견됩니다. 스리랑카에 서식하는 고유종 830종 가운데 217종의 나무와 목본성(식물의 줄기나 뿌리 등이 단단한 나무질로 바뀌는 성질) 덩굴식물은 낮은 습지대에서 발견됩니다.

▲ 스리랑카푸른까치(Sri Lanka blue magpie) 스리랑카의 고유종으로 매우 활동적이고 민첩하지만, 빠르게 날거나 먼 거리를 비행하는 데는 약하다고 합니다. 숲 서식지의 파괴로 멸종위기에 놓여 있습니다. 몸길이는 42~47센티미터입니다. 멸종위기 취약 단계

▲ 회색큰다람쥐(Grizzled giant squirrel) 몸길이와 꼬리 길이가 비슷하거나 꼬리가 더 길며, 전체 몸길이는 50~90센티미터입니다. 시력이 좋지만, 청력은 그리 좋지 않다고 하네요. 열매나 곤충, 새알 그리고 일부 나무껍질을 먹는 것으로 알려졌습니다. 뒷발로 균형을 잡으며 거의 모든 시간을 나무 위에서 지냅니다. 멸종위기 취약접근 단계

▲ 벌레잡이통풀인 네펜데스(*Nepenthes*)가 자라는 숲

▶ 보라색얼굴랑구르(Purple-faced langur) '보라색얼굴잎원숭이'라고도 하며 스리랑카에서만 볼 수 있습니다. 1년 내내 온도와 습도가 높은 지역에서 살지만, 도시화로 사는 곳이 파괴되면서 개체수가 크게 줄었어요. 주로 잎을 먹지만 과일, 꽃, 씨앗도 먹습니다. 보통 수컷이 암컷보다 크며, 수컷은 머리부터 몸까지의 길이가 50~67센티미터, 꼬리는 67~85센티미터입니다. 털은 검은색에서 회색까지 다양하며, 보랏빛을 띤 검은색 얼굴에 흰색 구레나룻(귀에서 턱까지 이어져 난 수염)이 특징입니다. 멸종위기 위기 단계

1 2
3
4

1. 스리랑카독사(Sri Lankan pit viper) 독사이며 스리랑카의 고유종으로 수컷은 꼬리를 포함한 최대 몸길이가 60~75센티미터까지 자라며 암컷보다 작습니다. 뱀의 몸 색은 다양하며, 보통 녹색 바탕에 검은색 무늬가 있습니다. 수컷은 파란색을 띠는 반면, 암컷은 주로 녹색을 띠지요. 나무에서 생활합니다.

2. 파울리아 아스페리마(*Fowlea asperrima*, 영어 이름 Boulenger's keelback) '스리랑카킬백'이라고도 하며 스리랑카의 고유종입니다. 영어 이름의 '불랑거'는 영국 파충류학자 조지 앨버트 불랑거(George Albert Boulenger, 1858~1937년)를 기리기 위해 붙였습니다. 몸은 짧고 원통형이며, 목이 뚜렷하고 머리가 약간 뾰족해요. 눈동자가 둥글며, 콧구멍은 좁고 약간 위쪽을 향하고 있습니다. 꼬리가 깁니다. 성체는 40~70센티미터까지 자라며 수컷보다 암컷이 더 깁니다.

3. 스리랑카개구리입새(Sri Lanka frogmouth) 왼쪽 암컷, 가운데 어린 새, 오른쪽 수컷. 인도 남서부와 스리랑카 서부 열대우림에서 발견되며, 밤에 활동하는 야행성입니다. 깃털 색이 마른 잎의 색깔과 비슷해서 나뭇가지에 앉아 있으면 잘 보이지 않아요. 몸길이는 약 23센티미터로 머리가 크고, 개구리 입을 닮은 넓은 부리는 끝이 갈고리 모양입니다. 짧고 빳빳한 털이 눈 주변에 나 있으며, 다른 종보다 날개가 작습니다. 깃털은 암컷이 수컷보다 더 붉거나 짙은 갈색이지요.

4. 생김새가 독특한 메뚜기

쓰촨 자이언트판다 보호구역

Sichuan Giant Panda Sanctuaries–Wolong, Mt Siguniang and Jiajin Mountains

국가: 중국(China)
위치: 쓰촨성(四川省)
유산 면적: 924,500ha(서울의 약 15배) **등재 연도:** 2006년

쓰촨 자이언트판다 보호구역

쓰촨 자이언트판다 보호구역(워룽, 쓰구냥산, 지아진산)에는 멸종위기에 놓인 전 세계 판다의 30퍼센트 이상이 살고 있습니다. 충라이산맥과 지아진산에 일곱 곳의 자연보호지역과 아홉 곳의 자연공원이 있습니다.

이 보호구역은 현재 남아 있는 자이언트판다(원래 '판다'는 지금의 레서판다를 가리켰지만, 후에 자이언트판다가 공식적으로 이름을 얻자 이와 구별하려고 레서판다로 불리게 되었어요) 서식지 중 가장 규모가 큽니다. 이곳은 레서판다(너구리판다), 눈표범, 구름표범 등 다른 멸종위기 동물의 서식지이기도 합니다.

이 보호구역은 열대우림 이외의 지역 가운데 식물의 다양성이 매우 높은 곳의 하나로 식물 5,000~6,000종이 삽니다. 국제보전협회(Conservation International)는 이곳을 '세계 25대 생물 다양성 집중지역' 중 한 곳으로 선정했고, 세계자연기금(World Wide Fund for Nature, WWF)이 '세계 200대 생태지역'으로 선정함에 따라 더욱더 중요해졌습니다. 유산으로 등재된 지역은 규모뿐 아니라 다양한 지형, 지질, 식물, 동물을 보호하고 있어 매우 뛰어난 가치를 지니고 있습니다.

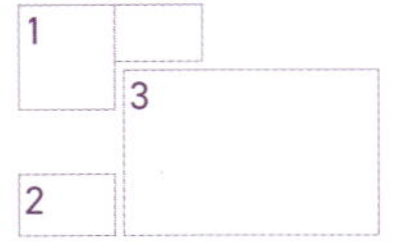

1. 자이언트판다(Giant panda) 몸은 흰색 털에 눈과 귀, 다리, 어깨 주변의 검은색 털이 특징입니다. 몸은 둥글며, 성체의 몸무게는 100~115킬로그램, 몸길이는 1.2~1.9미터로 수컷이 암컷보다 더 큽니다. 앞발에 엄지발가락이 발달되어 있어 대나무를 쥐는 데 도움이 되지요. 주로 대나무와 죽순을 먹습니다. 멸종위기 취약 단계

2. 레서판다(Lesser panda) '작은 판다'라는 뜻이며, 불리는 이름이 많습니다. 얼굴 생김새에 빗대어 '너구리판다'라고도 하지요. 털 색이 적갈색이라서 영어 이름은 '붉은판다(Red panda)'로 불리기도 합니다. 멸종위기 위기 단계

3. 워룽 국립 자연보호구역 풍경(신장구에 있음)

▶ 구름표범(Clouded leopard) 커다란 회색 얼룩무늬가 어스레한 구름처럼 보여서 붙인 이름입니다. 또 머리에 검은색 점들, 흐릿한 줄무늬가 있어 다른 표범들과 구별됩니다. 머리에서 몸통까지의 길이는 68.6~108센티미터, 꼬리는 61~91센티미터입니다. 낮에는 나무에서 쉬고 밤에는 나무에서 내려와 사냥하지요. 멸종위기 취약 단계

아치나나나 열대우림

Rainforests of the Atsinanana

국가: 마다가스카르(Madagascar)
위치: 마다가스카르의 동쪽 지역
유산 면적: 479,661ha(서울의 약 8배)
등재 연도: 2007년(2010년 위험에 놓인 세계유산 등재)

마로제지 국립공원(Marojejy National Park) 이 유산은 마로제지 국립공원을 포함해 모두 여섯 곳의 국립공원으로 이루어져 있습니다. 나머지 다섯 곳의 국립공원은 마소알라(Masoala) 국립공원(Masoala), 자하메나(Zahamena) 국립공원, 라노마파나(Ranomafana) 국립공원, 안드링기트라(Andringitra) 국립공원, 안도하헬라(Andohahela) 국립공원이지요.

아치나나나 열대우림은 마다가스카르 동쪽의 급경사면과 산악지대를 따라 가파른 지형과 주로 연관된 사라지지 않고 남아 있는 삼림입니다. 이 유산은 여섯 곳의 국립공원으로 구성되어 있습니다.

마다가스카르는 세계에서 네 번째로 큰 섬이며, 적어도 6천만~8천만 년 전 주변 땅덩어리에서 떨어져 나와 이곳 대부분의 식물과 동물이 고립되어 진화했을 것으로 봅니다. 이 열대우림은 지난날 기후변화 시기에 종의 중요한 피난처였고, 미래의 기후변화와 관련하여 종의 적응과 생존에 없어서는 안 되는 중요한 곳입니다.

이 유산 지역의 동식물종 고유성 수준은 각 집단에서 약 80~90퍼센트를 차지합니다. 마다가스카르는 '거대 생물 다양성'으로 알려진 국가 가운데 하나이며, 수많은 고유 식물종(약 12,000종)이 서식합니다.

이 유산이 결정적으로 중요한 것은, 삼림 벌채(나무를 벰)로 현재 마다가스카르 동부에 본래 있었던 삼림의 8.5퍼센트만 남아 있는 서식지의 핵심 지역을 보호하고 있다는 사실입니다.

▲ 마소알라 국립공원

▼ 라노마파나 국립공원

▲ 회색쥐여우원숭이(Grey Mouse Lemur) 마다가스카르에서만 발견됩니다. 몸무게는 58~67그램으로 크기와 털 색이 쥐와 같아 이름을 붙였다고 하네요. 야행성이며 나무에서 생활을 합니다.

▼ 마다가스카르의 고유종인 다양한 여우원숭이 작고 뾰족한 주둥이, 큰 눈, 꼬리가 길지요. 주로 나무에서 지내며 밤에 활동합니다.

1. 큰박쥐(Flying Fox, 또는 날여우박쥐, 과일박쥐) 세계에서 아주 큰 박쥐에 속하며, 주로 과일과 꽃꿀 그리고 꽃을 먹습니다. 얼굴 생김새가 개나 여우처럼 생겨 영어 이름은 '날아다니는 여우'라는 뜻이며, '날여우박쥐'라고도 해요. 동굴에서 살지 않고 숲에서 사는 이 박쥐는 동굴에 사는 박쥐들이 초음파를 쓰는 것과 달리 시각과 후각으로 먹이를 찾는다고 해요.

2. 투구큰부리때까치(Helmet vanga) 날개깃이 붉은색이며, 파란색의 커다란 부리가 아치 모양입니다. 몸길이는 28~31센티미터, 몸무게는 84~114그램입니다. 마다가스카르 일정 지역에서만 살고 있으며 마로제지 국립공원의 상징적인 새입니다. 먹이는 주로 곤충을 포함한 무척추동물이에요.
멸종위기 취약 단계

3. 토마토개구리(Tomato frog) 마다가스카르의 고유종으로 위협을 받으면 몸을 부풀립니다. 포식자가 토마토개구리를 입에 넣으면 개구리 피부에서 물질을 분비되어 포식자의 눈과 입을 마비시킵니다. 토마토개구리는 6~8년까지 사는 것으로 알려졌으며, 성체가 되면 노란빛을 띤 주황색부터 진한 빨간색까지 다양한 색상이 나타납니다. 수컷보다 큰 암컷의 몸길이가 10센티미터에 이르고 수컷은 5~7.5센티미터이지요.

4. 안드링기트라 국립공원

1. 열대 숲속의 노래기
2. 대벌레의 짝짓기
3. 공격 자세를 보이는 전갈
4. 안드링기트라 국립공원의 폭포가 있는 풍경

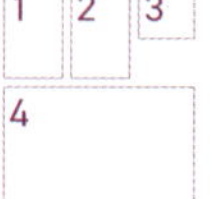

알프스 융프라우-알레치

Swiss Alps Jungfrau-Aletsch

국가: 스위스(Switzerland)

위치: 발레주(Canton Valais), 베른주(Canton Bern)

유산 면적: 82,400ha(서울의 약 1.4배) **등재 연도:** 2001년(2007년 확장)

왼쪽 봉우리부터 융프라우(Jungfrau), 묀히(Mönch), 아이거(Eiger)의 전경 융프라우는 '처녀'라는 뜻으로 베일에 싸여 있는 여인에 빗대어 불렸으며 높이 4,158미터로 알프스의 주요 봉우리 중 하나입니다. 묀히는 '수도사'라는 뜻으로 높이 4,110미터의 봉우리이고, 아이거는 높이 3,967미터의 봉우리이며 이름의 유래는 알 수 없다고 해요. 바위와 얼음으로 이루어진 아이거 북쪽 면에서 등반하던 사람들이 많이 죽었기에 '사람 잡는 벽'이라는 별명을 얻었습니다.

융프라우-알레치-비츠호른(Jungfrau-Aletsch-Bietschhorn)은 스위스 알프스 남중부에 있으며, 77퍼센트는 발레주에, 23퍼센트는 베른주에 속합니다. 이 유산에 속하는 아홉 개의 산봉우리 높이는 4,000미터가 넘습니다. 알프스에서 빙하가 가장 많은 지역이며, 이곳에 있는 유라시아 대륙 최대 규모의 빙하는 알프스 고산지대의 형성 과정을 훌륭하게 보여 주고 있습니다. 산이나 빙하의 형성과 현재 진행 중인 기후변화에 대한 풍부한 정보를 갖추었다는 점에서 탁월한 보편적 가치를 지닌다고 합니다. 또한 생태학적, 생물학적 현상과 특히 식물 천이(오랜 시간에 걸쳐 생물의 종류와 수가 변해 가는 과정)의 가치가 높습니다.

이 유산은 지형적으로 북쪽 비탈이 가파르고 남쪽 비탈은 완만하며, U자형 계곡, 곡빙하(골짜기를 따라 흘러내리는 빙하), 빙하작용으로 형성된 가파른 절벽이 있는 원형극장 모양의 분지, 뿔 모양의 산봉우리, 빙하가 운반한 암석 등 빙하 지대의 전형적 특징들을 보이고 있습니다. 이곳에는 알프스를 대표하는 동식물종이 산비탈, 방향, 높이에 따라 북쪽 비탈의 식물근과 남쪽 비탈의 식물군 차이가 뚜렷합니다. 북쪽 낮은 지역의 삼림은 너도밤나무 등 잎이 넓은 나무들로 이루어졌으며, 남쪽은 기후가 건조해 잎이 가느다란 유럽소나무가 자랍니다. 알프스를 대표하는 이 지역의 동물로는 아이벡스(Ibex), 스라소니, 붉은사슴(Red deer), 마못, 파충류와 양서류 등을 포함한 다양한 종이 있습니다. 아울러 높은 산에 적응한 새도 다양합니다.

1. 겨울의 알레치(Aletsch) 빙하 면적은 약 82제곱킬로미터(축구장 9,939개 크기), 길이는 23킬로미터, 깊이는 900미터에 이른다고 합니다.

2. 알레치 빙하 오늘날 세계 대부분 빙하와 마찬가지로 후퇴하고 있습니다.

3. 알레치의 여름 베트머호른(Bettmerhorn) 전망대에서 바라본 거대한 알레치 빙하 계곡

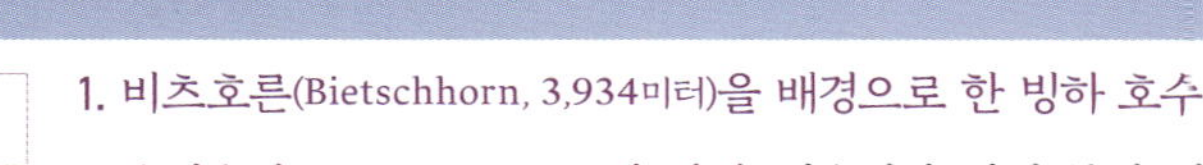

1. 비츠호른(Bietschhorn, 3,934미터)을 배경으로 한 빙하 호수

2. 수염수리(Bearded vulture)의 비행 턱수염이 있어 붙인 이름이며, 주로 높은 지역(유럽의 경우 최대 2,000미터)에서 발견됩니다. 사냥감의 뼈를 먹는 것으로 알려졌습니다. 멸종위기 취약근접 단계

3. 수염수리 성체이며, 어린 개체는 머리 깃털이 어두운 색을 띱니다.

4. 알프스까마귀(Alpine chough) 부리가 노란색이라 '노란부리까마귀'라고도 해요.

5. 마못(Marmot) 보통 다람쥐보다 큰 땅다람쥐로 유럽과 아시아, 북아메리카에 15종이 살고 있습니다. 이 초식동물은 여름에 활동적이라 무리를 발견할 수 있지만 겨울에는 겨울잠에 들어갑니다.

앨버타주 공룡 공원 Dinosaur Provincial Park

국가: 캐나다(Canada)
위치: 앨버타주(Province Alberta)
유산 면적: 7,825ha(서울의 약 13/100) **등재 연도:** 1979년

앨버타주 공룡 공원

태평양

미국

멕시코

공룡 주립공원 풍경

앨버타주 공룡 공원에는 특별히 아름다운 경치와 함께 '파충류 시대'의 가장 중요한 화석들 가운데 일부, 특히 7500만 년 전의 공룡 화석이 35종 있습니다. 이 공룡 공원은 지질학적 과정과 반건조 **스텝**(steppe) 지대에서의 하천 침식 과정을 보여 주는 매우 뛰어난 본보기입니다.

외부 영향을 거의 받지 않아 훼손되지 않은 이 공원은 24킬로미터에 이르는 강가 서식지를 따라 펼쳐져 있습니다. 이곳에서는 삭막하지만 특별한 자연경관을 볼 수 있습니다. 공원에서 발견된 300개가 넘는 공룡 뼈의 표본 가운데 완벽한 골격은 150개가 넘으며, 현재 30곳이 넘는 주요 박물관에 소장되어 있습니다.

◀ 후두(Hoodoo) '텐트 바위', '요정의 굴뚝' 또는 '지구 피라미드'라고도 하며 침식된 황무지(badland)의 바닥에서 튀어나온 바위기둥을 가리켜요.

▼ 침식 과정을 보여 주는 공원 풍경

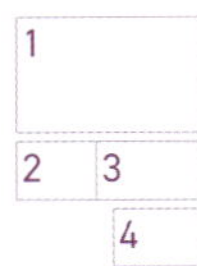

1. 공룡 주립공원 풍경
2. 공룡의 뼈들
3. 공룡의 뼈들
4. 서부방울뱀(Prairie rattlesnake) 캐나다 남서부, 미국 서부와 멕시코 북부에 서식하는 독이 있는 뱀입니다. 땅에서 살지만 때때로 나무나 덤불에 올라간다고도 해요.

야쿠시마 Yakushima

국가: 일본(Japan)
위치: 가고시마현(鹿兒島縣) 구마게군(熊毛郡) 야쿠시마정(屋久島町)
유산 면적: 10,747ha(서울의 약 1/6) **등재 연도:** 1993년

야쿠시마곶

이 유산은 유럽·북아시아·북아프리카 등의 북반구 생물지리 지역과 동양 지역이 만나는 야쿠시마(옥구도, 屋久島)에 있습니다. 섬의 42퍼센트를 차지하는 야쿠시마 국립공원에는 오래된 삼나무를 포함하여 1,900여 종의 풍부한 식물들이 살고 있습니다. 또한 이 지역에는 독특한 난온대성(난대는 연평균 기온이 섭씨 14도 이상인 기후를 말하며, 온대는 1년 중 월평균 기온이 가장 낮은 섭씨 −3도에서 18도 미만인 기후) 원시림이 유일하게 남아 있습니다. 수령(나무의 나이)이 수천 년이 넘는 커다란 삼나무 숲 몇 곳도 포함됩니다.

식물집단(식생)은 일본 본토와 커다란 차이를 보입니다. 해변은 아열대 식물집단이며, 섬의 안쪽으로 갈수록 고도가 높아지면서 난온대성 종, 온대성 종, 냉온대성(온대와 한대의 중간으로 월평균 기온이 1~5개월 동안 섭씨 6도 이하로 낮아지는 기후) 종, 아고산대(온대의 산악을 기준으로 해발 1,500~2,500미터의 지대. 온도가 낮고 건조함) 종이 차례로 나타납니다. 냉온대 지역에는 본토에서 흔히 볼 수 있는 너도밤나무 숲이 아니라 침엽수 숲이 나타납니다. 난온대성 활엽수 숲은 예전에는 일본 남부의 광대한 지역을 뒤덮었지만 지금은 야쿠시마를 비롯한 일부 지역에만 남아 있습니다.

이 지역의 가장 중요한 점은 '스기(sugi)'라고 하는 고유의 삼나무(Japanese cedar)가 서식한다는 것입니다. 삼나무는 기후가 안정적인 지대에서는 수령이 1,000년이 넘는다고 하며, 이곳의 삼나무 30그루에는 이름이 있다고 합니다. 수령이 1,000년 미만인 나무는 '고스기(Kosugi)'라고 하고, 추정 수령이 2,000~7,000년 삼나무는 '조몬스기(縄文杉, 성스러운 나무로 귀하게 여겨요. 조몬은 줄무늬를 뜻하며, 조몬 시대는 일본의 석기 시대로 기원전 1만 4900~300년 기간)'라 불리며 해발 600~1,800미터에서 발견됩니다(야쿠섬의 최고 높이는 2,000미터). 섬의 동물들은 다양하며 포유류 16종이 있습니다. 일본원숭이, 일본사슴 등은 야쿠시마의 고유종입니다.

▲ 센피로 폭포(Senpiro no taki waterfal) 야쿠시마를 대표하는 폭포로 가로 400미터, 세로 200미터입니다.

▼ 조몬스기(縄文杉) 수령이 3,000년이 넘는 것으로 추정하는 가장 큰 삼나무이지요.

1. 거대한 삼나무 아래의 산길
2. 일본사슴(Sika deer) 시카(Sika)는 일본말로 사슴을 가리키며 일본에서는 니폰지카(Nihonjika, 일본사슴)라고 합니다.
3. 야쿠시마원숭이(Yakushima macaque) '야쿠원숭이'라고도 해요. 야쿠시마에서 먹이가 부족했던 시절에 원숭이가 사람들의 거주지를 침범하여 작물에 피해를 주자 주민들은 많은 수의 원숭이를 사냥했지요. 지금은 주민들이 원숭이를 사냥하기보다 전기 울타리로 작물을 보호함으로써 함께 사는 것을 목표로 한답니다.
4. 류큐 로빈(Ryukyu robin) 류큐 제도의 고유종인 새로, 일본 천연기념물로 지정되어 있습니다.

에올리에 제도 Isole Eolie/ Aeolian Islands

국가: 이탈리아(Italy)
위치: 지중해의 남티레니아해(Mediterranean Sea–Southern Tyrrhenian Sea)
유산 면적: 1,216ha(서울의 약 1/50) **등재 연도:** 2000년

리파리섬에서 바라본 불카노섬 유산에서 세 번째로 큰 섬이며, 과거에는 주기적으로 발생하는 대분화구의 화산활동으로 대피령이 자주 내려졌으나 요즘은 화산활동이 제한적으로 일어납니다.

시칠리아(Sicily)섬 북부 해안에서 떨어져 있는 이 제도는 리파리(Lipari)섬, 불카노(Vulcano)섬, 살리나(Salina)섬, 스트롬볼리(Stromboli)섬, 필리쿠디(Filicudi)섬, 알리쿠디(Alicudi)섬, 파나레아(Panarea)섬과 같은 일곱 개의 큰 섬과 다섯 개의 작은 섬으로 이루어졌습니다. 이 제도의 섬 면적은 34제곱킬로미터(파나레아섬)에서부터 376제곱킬로미터(리파리섬)까지 다양합니다. 이곳의 모든 섬은 화산에서 기원하며, 시칠리아의 해안과는 수심 200미터의 바다로 분리되어 있습니다. 시칠리아섬과는 한 번도 붙어 있었던 적이 없었답니다. 이 섬들은 화산 분출의 두 가지 유형인 불칸식[Vulcanian eruption, 강력한 폭발과 더불어 화산쇄설물(화산의 분화로 뿜어나오는 고체 물질)이 분출되는 분화], 스트롬볼리식(Strombolian eruption, 마그마가 수백 미터 상공으로 분출되는 분화)의 사례를 보여 줍니다.

에올리에 제도의 식물집단은 주로 전형적인 지중해성(여름에는 몹시 건조하고, 겨울에는 여름보다 습기가 많고 온난한 온대기후 특성을 띠어요) 식물입니다. 고유종을 포함하여 모두 900종의 식물이 자란다고 하며, 동물은 남쪽 끝까지 다다른 유럽 대륙 동물종이 있다는 점이 매우 흥미롭습니다. 시칠리아섬의 멸종위기 10종을 포함하여 약 40종의 조류가 서식하며, 이 섬들은 철새에게도 중요한 곳입니다. 포유류로는 정원겨울잠쥐와 7종의 박쥐가 서식하는 것으로 보고되었습니다. 최근 에올리아벽도마뱀이라고 밝혀진 종을 포함하여 파충류 7종이 서식하고, 무척추동물은 15종 이상이 보고되었습니다. 이 유산의 중요성은 신석기 시대부터 생명체가 존재했다는 사실에서 증명됩니다.

▲ 리파리섬 에올리에 제도에서 가장 큰 섬입니다.

▼ 스트롬볼리섬 유일하게 화산활동이 꾸준하게 일어나고 있는 섬입니다. 마그마가 뿜어져 나오는 이 섬의 화산 분출을 '스트롬볼리식 화산활동'이라고 합니다.

1. 불칸식(Vulcanian eruption) 화산 분화

2. 에올리아벽도마뱀(Aeolian Wall Lizard) 이 유산에서만 발견되는 고유종입니다. 멸종위기 위급 단계

3. 정원겨울잠쥐(Garden dormouse) 눈 둘레의 검은색 무늬가 특징입니다. 이름과 달리 주요 서식지는 숲이지만, 과일을 재배하는 지역에서도 볼 수 있습니다. 겨울잠을 자는 겨울잠쥐의 한 종류이며, 낮에는 나무의 둥지에서 잠을 자고 주로 밤에 활동하는 야행성입니다. 멸종위기 취약 근접 단계

옐로스톤 국립공원 Yellowstone National Park

국가: 미국(United States of America)

위치: 와이오밍주 북서부(Northwest corner of the State of Wyoming), 몬태나주와 인접한 작은 구역 (relatively small adjacent areas of the States of Montana), 아이다호주(Idaho State)

유산 면적: 893,349ha(서울의 약 15배) **등재 연도:** 1978년

캐나다

옐로스톤 국립공원

미국

태평양

대서양

멕시코

야생동물의 천국 와이오밍주의 옐로스톤 국립공원

옐로스톤 국립공원(공원에 흐르는 옐르스톤강의 이름에서 따왔어요)의 광대한 자연 숲은 와이오밍주에 96퍼센트, 몬태나주에 3퍼센트, 1퍼센트는 아이다호주에 있습니다. 전 세계에서 지구 내부의 열기가 뿜어져 나오는 곳 중 절반(1만 곳 이상)이 이곳에 있습니다. 또한 세계에서 가장 많은 간헐천(뜨거운 물이나 수증기, 가스를 주기적으로 뿜어 올리는 온천)이 모여 있습니다(300곳 이상, 지구 전체의 3분의 2 이상).

1872년에 설립된 옐로스톤 국립공원은 회색곰, 늑대, 아메리카들소, 와피티사슴(Wapiti 또는 Elk) 따위의 야생동물이 있는 곳으로도 잘 알려졌습니다. 옐로스톤은 지구 진화의 역사를 연구하고 이해하는 데 매우 중요한 유적 중 하나입니다. 150종에 가까운 화석 식물은 작은 양치식물에서부터 거대한 세쿼이아(Sequoia, 레드우드 또는 미국삼나무)에 이르기까지 많은 나무 종류가 이 공원의 풍부한 화석 퇴적층에 있습니다.

국립공원은 세계에서 가장 큰 **칼데라**(caldera, 화산폭발 후 생긴 움푹 파인 지형이에요) 지형을 품고 있습니다. 공원을 가득 채운 식물은 로지폴소나무입니다. 동물로는 30년 동안 집중적으로 연구, 관리한 회색곰이 있습니다. 현재 암컷 50여 마리가 새끼를 낳아 기르고 있으며, 지난 3년 동안 새끼 150여 마리가 태어났답니다.

1. 그랜드 프리즘 온천(Grand Prismatic Spring) 미국에서 가장 큰 온천이며, 뉴질랜드의 프라이팬 호수(Frying pan Lake)와 도미니카의 보일링 호수(Boiling Lake) 다음으로 세계에서 세 번째로 큰 온천입니다. 빛을 굴절, 분산시키는 프리즘의 색상과 같아서 붙인 이름이지요.

2. 간헐천이 보이는 파이어홀강(Firehole river)과 아메리카들소(바이슨Bison)

3. 골짜기의 로지폴소나무(Lodgepole pine)와 옐로스톤강 골짜기 길이는 약 39킬로미터, 깊이 240~370미터, 폭은 400~1,210미터입니다. 공원의 중심부를 통과하는 옐로스톤강의 길이는 약 1,114킬로미터이지요.

1. 회색곰(Grizzly bear, 학명 *Ursus arctos horribilis*) 영어 이름(Grizzly)은 회색을 뜻하고, 학명(*horribilis*)은 '공포'를 뜻해요. 어깨(등)에 튀어나온 혹이 특징이며, 곰이 무언가를 파헤칠 때 앞발에 힘을 실어 주는 근육 덩어리라고 하네요.

2. 늑대(Gray Wolf) '회색늑대'라고도 해요. 귀와 주둥이가 덜 뾰족하며, 몸통이 짧고 꼬리가 긴 것이 특징입니다. 늑대의 평균 몸무게는 40킬로그램이며, 암컷이 조금 가볍습니다. 체계적인 무리 생활을 하는 사회적인 동물이에요.

3. 은하수 아래 간헐천의 풍경

요세미티 국립공원 Yosemite National Park
국가: 미국(United States of America)
위치: 캘리포니아(California) 중부
유산 면적: 307,934ha(서울의 약 5배)
등재 연도: 1984년
캐나다
요세미티 국립공원
미국
태평양
멕시코

요세미티 계곡

이 국립공원은 빙하의 침식으로 이르어진 화강암의 절경(더할 나위 없이 훌륭한 경치)이 매우 뛰어나며 세계에서 오직 하나뿐인 지질학적 특징이 생생하게 펼쳐집니다. 해발 600~4,000미터까지 다양한 식물과 동물도 만날 수 있습니다.

세계에서 아주 높은 폭포가 다섯 곳 있으며, 돔(dome, 공을 반으로 자른 모양) 형태의 화강암 바위와 암벽, 깊게 파인 계곡, 자이언트세쿼이아 군락 세 군데, 여러 곳의 고산 초원, 호수 그리고 다양한 생물종을 포함하고 있어 뛰어난 자연미를 보여 줍니다.

공원에는 깊이 914미터에 이르는 웅장한 요세미티 계곡을 비롯해 빙하의 침식작용으로 거대한 화강암이 수직으로 솟은 듬 같은 멋진 빙하 지형이 있습니다.

공원 이름 요세미티는 '살인자'를 뜻하며, 계곡에 살던 원주민 아와니치 부족의 호전적(싸우기를 좋아하는 것)인 모습에 빗대어 주변의 다른 부족이 '요세미티'라고 부른 것에서 비롯되었답니다.

1. 요세미티 계곡의 전망대(왼쪽, 태프트 포인트Taft Point)에서 바라본 풍경

2. 자이언트세쿼이아(Giant sequoia, 학명 *Sequoiadendron giganteum*) 학명은 체로키 음절을 연구한 세쿼야(Sequoyah, 1767~1843년)를 기리기 위해 붙였다고 합니다. 세계에서 가장 거대한 나무 중 하나로, 높이는 보통 50~85미터까지 자라며, 나무줄기의 지름은 6~8미터입니다. 섬유질이 많고 부서지기 쉬워 가구나 집 등의 목재로는 쓰이지 않으며 울타리 기둥이나 성냥개비 등으로 쓰이지요. 멸종위기 위기 단계

3. 세쿼이아 터널

1. 반쪽 돔(Half dome) 요세미티 계곡 동쪽 끝에 있는 화강암 바위입니다. 반구형(공을 반으로 자른 모양)의 돔을 다시 반으로 자른 듯한 독특한 모양이라 공원에서 유명합니다. 계곡 바닥에서 1,444미터 솟아 있습니다.

2. 동부회색다람쥐(Eastern gray squirrel) 북아메리카 동부가 원래 서식지입니다. 영국과 캐나다에서는 '회색다람쥐'라고 합니다. 미국에서는 서부회색다람쥐와 종을 구별하기 위해 '동부'를 붙였습니다. 다람쥐는 때때로 다른 동물이 지켜보고 있다고 느끼면 먹이를 묻는 척하는 속임수를 쓴다고 하지요.

3. 서부회색다람쥐(Western gray squirrel) 미국과 멕시코 서부 해안에서 발견되는 나무 다람쥐예요. 봄에 머리부터 꼬리까지 완전히 털갈이를 하고 가을에는 꼬리를 뺀 나머지 부분이 털갈이를 합니다.

4. 퓨마(Puma 또는 Mountain Lion) 퓨마의 7아종은 모두 습성이 비슷하지만 털 색과 크기가 다릅니다. 대부분 퓨마는 산악지대에서 발견되므로 피부와 털이 추운 겨울 동안 체온을 유지하는 데 도움이 되게 발달했습니다. 아종과 서식지에 따라 퓨마의 털은 갈색-노란색에서 회색-붉은색까지 다양합니다.

우드버펄로 국립공원 Wood Buffalo National Park

국가: 캐나다(Canada)
위치: 노스웨스트 준주와 앨버타주(Northwest Territories and Alberta Province)
유산 면적: 4,480,000ha(서울의 약 74배) **등재 연도:** 1983년

소금 평원이 펼쳐진 풍경

캐나다 북중부 지역의 평원에 있는 이 공원은 1922년에 자유롭게 돌아다니는 들소 무리를 보호하기 위해 마련되었습니다. 북아메리카에서 개체수가 가장 많은 야생들소가 사는 곳이자 멸종위기에 몰렸던 미국흰두루미의 따뜻한 보금자리이기도 합니다.

이 국립공원의 또 다른 볼거리는 피스강(Peace river, 1,923킬로미터)과 애서배스카강(Athabasca river, 1,231킬로미터) 그리고 버치강(Birch river) 어귀에 있는 세계 최대의 내륙 삼각주입니다.

이동성 야생동물의 집결지로서 전 세계적으로 중요한 곳입니다. 희귀하고 뛰어난 자연현상으로 이루어진 거대한 내륙 삼각주를 비롯해 소금 평원(소금이나 다른 광물로 뒤덮인 넓고 평평한 땅이에요. 먼 옛날 바다였던 곳이 호수로 바뀐 뒤 오랜 시간에 걸쳐 물이 증발하면서 생기지요)과 석고(석회질 광물로 석회암보다 물에 훨씬 잘 녹아요) 카르스트 지형 또한 세계적으로 중요한 가치를 지닙니다.

우드버펄로 국립공원은 북아메리카의 대평원-북방 초원 생태계에서 생태학적으로 가장 완전하고 규모가 큰 본보기이며, 오랫동안 늑대와 나무들소(우드버펄로) 사이의 먹이사슬 관계가 깨지지 않고 이어지는 유일한 곳이기도 합니다.

▲ 내륙 삼각주 풍경

◀ **내륙 삼각주 위성사진** 왼쪽에 누렇게 보이는 것이 클레어 호수(Lake Claire, 면적 1,436제곱킬로미터)이고, 오른쪽 끝에 잘린 길쭉한 부분이 애서배스카 호수(면적 7,935제곱킬로미터)입니다. 위쪽으로 핏줄처럼 보이는 것이 피스강, 아래쪽이 애서배스카강이에요.

▲ 들소 무리가 있는 풍경

▶ 나무들소(위), 평야들소(아래) 우리가 흔히 버펄로(아메리카들소 또는 들소)라고 부르는 이 소는 2종으로 나뉘는데 나무들소(또는 우드바이슨Wood bison)와 평야들소(Plains bison)입니다. 이 둘을 구별한다면 어깨 부위의 혹이 크고 높이 솟아 있으면 나무들소, 혹이 작고 둥근 모양이면 평야들소입니다. 또 혹의 가장 높은 지점이 앞다리보다 훨씬 앞에 있으면 나무들소, 앞다리 바로 위에 있으면 평야들소예요. 그리고 나무들소는 털이 많고 짙은색인 반면 앞다리에는 털이 적습니다. 평야들소보다 턱수염이 더 짧고 뾰족하지만, 몸집은 더 크고 무겁습니다.

▲ 북미흰두루미(Whooping crane, 또는 미국흰두루미) 영어 이름의 '후핑'은 이 새의 울음소리에 빗대어 불였습니다. 캐나다두루미와 함께 북아메리카 대륙에 사는 2종의 두루미 중 하나이지요. 멸종위기 위기 단계

▼ 캐나다두루미(Sandhill crane) 오른쪽이 어린 개체입니다. 성체는 전체적으로 회색이며, 번식기에는 특히 철새 개체군에서 깃털이 많이 닳고 얼룩지며 거의 황토색(사진 가운데)으로 보입니다. 어린 개체는 머리 윗부분이 붉지 않고 전체적으로 밝은 갈색을 띱니다.

▲ 비버의 오두막 비버는 온대 북반구의 대형 반수생 설치류입니다. 아메리카비버와 유럽비버(또는 유라시아비버)로 2종이 있습니다. 댐과 오두막을 짓는 것으로 유명하고, 부지런함의 상징으로 캐나다의 나라 동물입니다.

▶ 아메리카비버(North American beaver) 꼬리가 크고 평평한 노 모양이며, 뒷발에 커다란 물갈퀴가 있습니다. 앞발은 물갈퀴가 없는 대신 발톱이 있으며, 자유자재로 땅을 파는 데 매우 유리하답니다.

우링위안 자연경관과 역사 지구

Wulingyuan Scenic and Historic Interest Area

국가: 중국(China)
위치: 후난성(湖南省) 장자제시(長家界市) 우링위안 지구(武陵源區)
유산 면적: 26,400ha(서울의 약 2/5) **등재 연도:** 1992년

이 유산은 영화 〈아바타〉에 영감을 주었다고 합니다.

중국의 후난성(湖南省, 호남성)에 있는 우링위안(武陵源, 무릉원)에는 높이 200미터가 넘는 3,000여 개의 좁다란 사암 기둥(모래알이 모여 뭉쳐서 단단히 굳어진 암석 기둥)과 봉우리들이 우뚝 솟아 있습니다(유적의 3분의 2 차지). 봉우리 사이에는 개울이 흐르는 골짜기, 웅덩이, 폭포, 약 40개의 동굴과 두 개의 커다란 자연 다리가 있습니다.

경관이 뛰어나게 아름다운 이곳에는 멸종위기에 놓여 있는 많은 동식물이 사는 곳으로도 유명합니다. 이 지역에 있는 두 개의 자연 다리인 시안렁치아스(仙人橋, 선인교)와 천하제일교(天下第一橋)는 계곡 바닥에서 357미터 높이로 솟아 있어 세계에서 가장 높은 자연 다리라고 할 수 있습니다.

이 유적에는 흔히 개울이 800개 있다고 하는데, 실제로는 그보다 훨씬 적은 약 60개의 개울이 있습니다. 이 개울의 지류 중 하나에 둑을 쌓아 만든 호수가 보봉호(寶峰湖)입니다. 이 호수는 물을 공급하고 홍수를 조절하기 위해 만들었으며, 휴양지일 뿐만 아니라 중국장수도롱뇽의 서식지로도 가치가 높습니다.

▲ 사암 기둥이 펼쳐진 풍경

▼ 두 봉우리를 잇는 자연 다리(천하제일교)

1. 기암괴석의 봉우리와 울창한 나무숲

2. 유산에 있는 라오우창 마을(Laowuchang village) 앞의 다랑논 다랑논은 산등성이를 계단처럼 깎아 평평하게 다진 논입니다. '다랑이'라고도 해요.

3. 중국장수도롱뇽(Chinese giant salamander) 물에서 살며, 현재 세계에서 아주 큰 도롱뇽 중 하나입니다. 드물게는 최대 몸길이가 180센티미터나 된다고 합니다. 멸종위기 위급 단계

4. 승냥이(Dhole, 또는 아시아들개Asiatic wild dog) 현재까지 7종의 아종이 인정되었습니다. 승냥이는 늑대와 여우를 합쳐 놓은 듯한 생김새로 몸길이 88~113센티미터, 꼬리 길이 41~50센티미터입니다. 수컷의 몸무게는 15~21킬로그램, 암컷은 10~17킬로그램입니다. 수십 마리가 무리를 지어 생활하지요. 멸종위기 위기 단계

우아스카란 국립공원
Huascarán National Park

국가: 페루(Peru)
위치: 앙카시주(Department Ancash)의 레쿠아이(Recuay), 카르우아스(Carhuas), 우아라스(Huaráz), 융가이(Yungay), 포마밤바(Pomabamba), 마리스칼루수리아가(Mariscal Luzuriaga), 우아리(Huari), 코롱고(Corongo), 시우아스와 볼로네시(Sihuas y Bolognesi)
유산 면적: 340,000ha(서울의 약 5.6배) **등재 연도:** 1985년

태평양

69호수(Lake 69)를 담은 풍경 400곳이 넘는 우아스카란 국립공원의 호수 중 하나입니다. 국립공원이 세워지기 전에는 호수에 이름이 없었는데 공원의 도든 호수를 목록에 포함해야 해서 호수에 숫자를 붙여 이름을 지었습니다.

세계에서 가장 높은 열대 산맥(열대 기후 지역의 산맥)인 코르디예라 블랑카(Cordillera Blanca, '하얀 산맥'이라는 뜻이며, 안데스산맥의 일부로 페루에서 가장 높은 6,768미터의 우아스카란 산이 이 산맥에 속해 있어요)의 대부분을 차지하는 페루의 국립공원입니다.

우아스카란 국립공원은 페루 안데스 중부에 자리하고 있으며 약 2,500~6,000미터 이상의 눈 덮인 봉우리들과 U자형 계곡, 660곳의 열대 빙하(열대 지역에서 가장 큰 빙하 지역), 300곳의 빙하 호수와 계곡이 교차하는 고지대, 그리고 물살이 거친 개울이 있습니다.

이곳에는 두 가지 계절이 뚜렷하게 나타납니다. 12월부터 3월까지는 우기이고, 4월부터 11월까지는 건기입니다. 이곳에는 120종 이상의 새들이 보고되었고, 10종 이상의 포유류가 관찰되었으며 그중 일부는 멸종위기에 놓여 있습니다. 그리고 약 779종의 식물이 확인되었으며, 그 가운데 안데스여왕은 가장 상징적이면서 대표적인 보존 대상입니다.

우아스카란 국립공원은 자연환경이 다양해서 이곳에 사는 식물도 매우 다양하며, 큰벌새 등을 비롯한 여러 새들과 여러 종의 오리가 사는 곳이기도 합니다.

▲ 우아스카란 국립공원 풍경

▲ 안데스여왕(Queen of the Andes, 학명 *Puya raimondii*) 높이는 최대 15미터에 이르며 안데스산맥이 원산지입니다. 보통 해발 2,400~4,200미터에서 자라지만, 몇몇은 4,460미터에서도 자랍니다. 꽃이 핀 후 죽는 식물이며, 40~100년에 한 번 꽃이 피는데 어떤 이는 8,000송이 이상이라 하고 어떤 이는 20,000송이로 추정합니다. 5월이나 6월에 시작하여 12월 중순까지 몇 달에 걸쳐 꽃이 핀다고 합니다. 멸종위기 위기 단계

◀ 안데스여왕의 생애 주기

▼ 이브의바늘 또는 이브의핀(Eve's needle 또는 Eve's pin, 학명 *Austrocylindropuntia subulata*) 해발 3,000미터 이상의 고지대에서 흔히 볼 수 있는 선인장이며 페루 안데스산맥에서 유래했다고 하네요.

▲ 빙하의 끝자락에 생긴 얼음 동굴

▼ 비쿠냐(Vicuña 또는 Vicuna) 야생 남아메리카 낙타과 2종 중 하나이며, 다른 종은 비쿠냐보다 낮은 고도에서 사는 '과나코'입니다. 라마의 친척이며, 지금은 털을 얻으려고 기르는 알파카의 야생 조상이라고 합니다. 이 지역의 고유종이며 문화적으로도 매우 중요하게 여기지요.

▲ 큰벌새(Giant hummingbird) 벌새 무리 중에 매우 큰 편에 속하며, 안데스산맥의 일부 원주민들은 여성이 벌새를 잡으면 자손을 많이 낳는다고 믿습니다. 이 벌새는 나스카(Nazca) 문화에 영감을 주어 나스카 라인(Nazca lines, 페루 남부 나스카 사막에 그려진 매우 큰 그림들)의 소재가 되었다고 해요.

▼ 나스카 라인의 벌새

우중쿨론 국립공원 Ujung Kulon National Park

국가: 인도네시아(Indonesia)

위치: 반텐주(Provinsi Banten, 옛 서자바West Java), 람풍주(Provinsi Lampung)

유산 면적: 78,525ha(서울의 약 1.3배) **등재 연도:** 1991년

캄보디아

말레이시아

인 도 네 시 아

우중쿨론 국립공원

호주

국립공원에 속하는 한데울레움(Handeuleum)섬의 아름다운 강 풍경

우중쿨론 국립공원은 순다 대륙붕(Sunda shelf, 대륙붕은 해안에서부터 수심 100~200미터까지 펼쳐져 있는 넓고 비교적 얕은 해저 평탄면)의 자바(Java)섬 남서쪽 끝에 자리하고 있습니다. 이 유산은 우중쿨론반도와 근해의 여러 섬을 비롯하여 크라카타우(Krakatau, 또는 크라카토아Krakatoa) 자연보호구역을 포함합니다. 또한 자연이 아름답고, 지질학적인 관심이 높은 내륙 화산은 물론, 자바평원에 남아 있는 가장 큰 저지대 우림(키가 크고 잎이 넓은 나무가 무성한 열대식물의 숲) 지역도 포함됩니다.

이곳에서 멸종위기에 놓인 동식물을 발견할 수 있으며, 그중 멸종 위험이 가장 심각한 자바코뿔소가 사는 마지막 남은 자연 서식지입니다. 크라카타우 자연보호구역은 최근의 섬 화산활동을 세계에서 가장 잘 보여 주고 있으며, 아낙 크라카타우(Anak Krakatau, 크라카타우의 아들)의 중심 섬과 주위의 산호초와 함께 라카타(Rakata), 파양(Payang), 세르퉁(Sertung)의 주변 섬들로 이루어졌습니다. 이 주변 섬들은 1,500여 년 전의 폭발 후 세 개의 화산추(화산이 분출하여 생긴 원뿔 모양의 지형)를 남겼던 '고대 크라카타우' 화산의 잔해입니다. 이곳의 식물은 여러 인위적, 자연적 변화를 겪었으며, 그중 가장 중요한 요인은 1883년 크라카타우 화산 폭발이었습니다. 그 결과 자연 식물 서식지인 저지대 우림은 현재 전체 지역의 50퍼센트만 남게 되었습니다.

눈에 띄는 포유류로는 표범과 들개, 표범살쾡이(Leopard cat), 고기잡이고양이, 자바몽구스(Javan mongoose)와 사향고양이(Civets) 몇 종이 포함됩니다. 영장류 중에는 고유종인 자바긴팔원숭이(Javan gibbon)와 자바잎원숭이(Javan leaf monkey)가 은색랑구르와 함께 지역적으로 나타나고, 게잡이원숭이(Crab eating macaque)는 공원 전체에서 발견됩니다. 그리고 반텡이 많이 보이며, 270종 이상의 많은 조류가 분포하고 있습니다.

▲ 반텡(Banteng)이 있는 초원 동남아시아에서 발견되는 야생 소의 한 종류입니다. 가축으로 길들인 반텡도 있으며 이를 '발리소' 또는 '발리반텡'이라고 해요. 가축 반텡은 야생 반텡보다 크기가 작지만 생김새는 비슷합니다. 반텡 수컷은 털이 짙은 갈색에서 검은색이며 암컷은 연한 갈색 또는 밤색입니다. 암컷보다 수컷이 더 크며, 암수 모두 엉덩이에 커다란 흰색 점무늬가 있고 뿔이 있습니다. 멸종위기 위급 단계

▼ 인도코뿔소(Indian rhinoceros) '큰외뿔코뿔소'라고도 합니다. 이는 자바코뿔소(Javan rhinoceros, 또는 작은외뿔코뿔소)와 차이를 나타내는 이름입니다. 심각한 멸종위기에 놓인 자바코뿔소의 사진 자료를 구할 수가 없어 인도코뿔소 사진 자료로 대신합니다. 이 두 코뿔소는 모자이크 모양의 갑옷 같은 피부라 생김새가 비슷합니다. 자바코뿔소가 인도코뿔소보다 덩치가 더 작고, 뿔도 작지요. 멸종위기 취약 단계

1. 아낙 크라카타우(Anak Krakatau) 화산 활화산으로 2018년 12월에 치명적인 쓰나미를 일으켰으며, 지금도 활동이 이어지고 있습니다.

2. 고기잡이고양이(Fishing cat) 습지 근처에서 많이 살고, 물고기를 사냥합니다. 하지만 습지 파괴로 위험에 놓여 있습니다. 멸종위기 취약 단계

3. 은색랑구르(Silvery langur)의 암컷과 새끼 '은색잎원숭이(Silvered leaf monkey)' 또는 '은색루뚱(Silvery lutung)'이라고도 해요. 맹그로브 늪지대와 근처 산림지대에서 살며, 보통 해안이나 강에서 멀리 떨어진 곳으로 움직이는 것을 피합니다. 이름(은색잎원숭이)은 잎을 주로 먹는 것과 관련 있으며, 주로 동남아시아(인도 북동부, 중국 남부, 보르네오, 태국, 자바, 발리)에서 사는 이 친구의 또 다른 이름 루뚱은 '검은색'을 의미합니다. 멸종위기 취약 단계

워터턴 글레이셔 국제 평화 공원

Waterton Glacier International Peace Park

국가: 캐나다(Canada), 미국(United States of America)
위치: 캐나다 앨버타주(Province of Alberta, Canada), 미국 몬태나주(State of Montana, USA)
유산 면적: 457,614ha(서울의 약 7.6배) **등재 연도:** 1995년

워터턴호 국립공원의 초원

1932년에 캐나다 앨버타주의 워터턴호 국립공원(Waterton Lakes National Park)과 미국 몬태나주의 글레이셔(빙하) 국립공원(Glacier National Park)을 합해서 최초의 국제 평화 공원이 되었습니다.

아름다운 자연경관을 자랑하는 이 평화 공원은 두 나라의 국경이 맞닿은 접경지대에 있으며, 매우 다양한 식물과 포유류의 서식지일 뿐만 아니라 대초원, 삼림지대, 고산지대와 빙하 지대가 있는 곳이기도 합니다.

지역 조사에 따르면 포유류 61종, 조류 241종, 그리고 어류 20종이 발견되었습니다. 육식동물로는 회색늑대, 코요테, 퓨마와 미국흑곰(American black bear), 밍크(mink)가 관찰되기도 했습니다.

또한 200마리가 넘는 회색곰(Grizzly bear)의 개체군이 아무런 간섭을 받지 않고 살아가고 있으며, 노새사슴(Mule deer), 흰꼬리사슴(White-tailed deer), 무스, 들소, 산양, 큰뿔야생양이 살아갑니다. 산양과 큰뿔야생양은 이 지역의 고유종입니다. 설치류로는 비버와 사향쥐를 만날 수 있습니다.

이 유산은 북아메리카 서쿠 대산맥의 중심부에 있어서 전 세계 어디에서도 보기 드문 생태적 복합성과 식물 군집의 진화를 보여 줍니다.

1. 워터턴호 국립공원(Waterton Lakes National Park) 1895년에 지정된 캐나다의 네 번째 국립공원입니다. 영국의 탐험가이자 환경보호론자로 알려진 찰스 워터턴(Charles Waterton, 1782~1865년)의 이름에서 따왔어요. 이 국립공원은 로키산맥과 대초원 사이에 있습니다.

2. 무스(Moose)가 있는 워터턴호 국립공원 풍경 흔히 북아메리카에서는 '무스(Moose)'라고 하고, 유럽에서는 '엘크(Elk)'라고 합니다. 세계에서 가장 크고 무거운 사슴입니다. 수컷은 손바닥 모양의 커다란 뿔이 특징이며, 이 뿔은 해마다 겨울에 떨어지고, 봄에 새로 돋아납니다. 얼굴이 말처럼 생겼습니다. 암수 모두 등에 큰 혹이 하나 있는 것이 독특해요.

3. 무스 왼쪽이 암컷이며 등에 혹이 보입니다.

▲ 산양이 있는 글레이셔 국립공원(Glacier National Park) 풍경 산양(Mountain goat)은 글레이셔 국립공원의 상징이지요. 이 국립공원은 로키산맥과 130개가 넘는 호수를 품고 있습니다.

▼ 글레이셔 국립공원의 그린넬호(Grinnell Lake) 미국들소를 보호하는 활동을 펼친 자연보호론자 조지 버드 그린넬(George Bird Grinnell, 1849~1938년)의 이름에서 따왔습니다.

이구아수 국립공원 Iguaçú National Park

국가: 브라질(Brazil)
위치: 파라나주(Parana State)
유산 면적: 약 169,697ha(서울의 약 2.8배) **등재 연도:** 1986년

이구아수강 하류의 이구아수 폭포

브라질의 이구아수 국립공원은 폭이 2,700미터(높이 80미터)에 이르는 세계 3대 폭포(나이아가라 폭포, 빅토리아 폭포 포함) 가운데 하나인 이구아수 폭포를 아르헨티나와 공유하고 있습니다.

이구아수는 포르투갈어로 '큰 물'을 뜻합니다. 전설에 따르면 한 신이 아름다운 여인과 결혼할 계획을 세웠지만 그 여인은 사랑하는 사람과 함께 카누를 타고 도망쳤답니다. 이에 분노한 신이 강을 갈라 폭포로 만들었고, 두 사람은 거친 물살에 휩쓸려 죽고 맙니다.

이구아수 국립공원은 큰수달(Giant otter), 큰개미핥기를 비롯한 멸종위기에 놓인 희귀 동식물이 사는 곳이며, 쏟아지는 폭포수의 물보라 덕분에 식물이 무성합니다. **아열대우림**이 이구아수 국립공원 전체 면적의 약 90퍼센트를 차지합니다. 남아메리카에서 가장 큰 산림 보호지역 중 하나입니다. 이 국립공원은 아름다운 자연 생태계가 잘 보존되어 있어 과학적 연구와 환경 교육, 생태 관광 장소로 인기가 많습니다.

▲ 브라질에서 바라본 이구아수 폭포

▼ 남아메리카코아티(South American coati) '남아메리카긴코너구리'라고도 합니다. 땅과 나무 모두에서 살며, 잡식성이지만 주로 과일, 무척추동물, 그 밖에 작은 동물과 새알을 먹습니다. 높은 나무에서 과일을 찾고, 주둥이로 틈새를 뚫어 땅에서 동물 먹이를 찾습니다. 또한 땅에 있는 바위를 뒤집거나 발톱으로 통나무 틈을 찢어 동물 먹이를 찾지요.

1. 큰개미핥기(Giant anteater) ‘개미곰’으로도 알려진 이 동물은 나무 생활 또는 나무와 땅을 오가며 생활하는 여느 개미핥기와 나무늘보와는 달리, 대부분 땅에서 지냅니다. 앞발톱으로 개미집을 파내어 길고 끈적끈적한 혀로 개미와 흰개미를 먹지요. 대부분 혼자 생활하며, 새끼가 젖을 뗄 때까지 어미가 새끼를 등에 업고 생활합니다. 멸종위기 취약 단계

2. 플러시볏어치(Plush-crested jay) 남아메리카 중남부에서 발견되며, 전체적으로 깃털이 짙은 파란색인 중간 크기의 까마귀과 새입니다. 머리에 둥근 볏이 있어 붙인 이름이지요. 보통 3~10마리가 한곳에 머물며 무리 지어 지내는 것으로 알려졌습니다.

3. 붉은안경앵무(Red-spectacled amazon) 서식지인 습한 숲이 파괴되고, 이 새의 화려한 깃털과 흉내 내는 능력 등으로 희귀성이 높아져 불법적인 애완동물 거래로 위협받고 있다고 합니다. 멸종위기 취약 단계

이시망갈리소 습지 공원

iSimangaliso Wetland Park

국가: 남아프리카공화국(Republic of South Africa)
위치: 콰줄루-나탈주(KwaZulu-Natal Province)
유산 면적: 397,471hsa(서울의 약 6.5배) **등재 연도:** 1999년

이시망갈리소 습지 공원에 있는 소드와나 베이 국립공원(Sodwana Bay National Park)

이 습지 공원은 220킬로미터에 이르는 해안선을 따라 놀라운 장관이 펼쳐지며, 지형이 매우 다양합니다. 인도양의 맑은 바다와 자연 그대로의 드넓은 모래 해변, 숲이 우거진 기다란 사구(모래언덕) 습지·초지·숲·호수와 사바나로 이루어진 다양한 지형을 품고 있는 이 공원은 아름다움을 자랑합니다.

이곳에는 놀라운 자연현상이 세 가지 있습니다. 그중 하나는 세인트루시아호(Lake St. Lucia)의 염도가 변한다는 사실입니다. 이는 우기와 건기 주기가 연결된 현상으로, 호수가 염도를 낮은 상태에서 높은 상태로 바꾸어 기후에 반응합니다. 둘째는 놀랄 만큼 많은 거북이 해변에 산란하는 모습과 수많은 돌고래, 고래와 고래상어가 먼바다로 이동하는 모습입니다. 끝으로 어마어마한 수의 물새와 이곳에서 번식하는 많은 새의 무리가 매우 인상적입니다.

이시망갈리소 습지 공원에는 생태계 다섯 곳이 서로 연결되어 있어 많은 멸종위기종과 고유종을 포함하여 아프리카의 수많은 생물종에 중요한 서식지를 제공하고 있습니다. 6,500종이 넘는 동식물종(조류 521종 포함)이 공원에서 발견되었고, 보존적으로 중요한 종 가운데 이 공원의 고유종 11종, 남아프리카공화국의 고유종 108종, 남아프리카공화국에서 멸종위기에 놓인 종 467종이 있습니다. 서식지가 매우 다양(육상, 습지, 연안, 수생)해서 높은 생물종 다양성을 보여 줍니다.

▲ 세인트루시아호(Lake St. Lucia) 유산에 있는 람사르(Ramsar) 습지 네 곳 중 하나입니다. 나머지 세 곳은 거북 해변/통가랜드의 산호초(Turtle Beaches/Coral Reefs of Tongaland), 코시 베이(Kosi Bay) 호수계, 시바야 호수(Lake Sibaya)입니다.

▼ 코시 베이 하구에 설치된 전통적인 송가(Tsonga, 지역 이름) 물고기잡이 마치 우리나라 남해안의 죽방렴과 비슷해 보이며, 두 곳 모두 물의 흐름을 이용하여 물고기를 잡는다는 점에서 같습니다.

▶ 떼를 지어 이동하는 쿠두(Kudu) 쿠두에는 큰쿠두와 작은쿠두 2종이 있습니다. 큰쿠두(Greater kudu)는 아프리카 동남부에서 발견되는 숲 영양으로 유산에서 많이 보입니다. 그러나 밀렵과 삼림 벌채 따위로 개체 수가 많이 줄었습니다. 수컷은 뿔이 나선 모양이며 목 아래로 털이 길게 납니다.

▶ 작은쿠두(Lesser kudu) 아프리카 동부에서 발견되며 큰쿠두보다 덩치가 작고 목에 털 대신 흰색 점무늬(암수 모두)가 있습니다.

일룰리사트 빙하 피오르 Ilulissat Icefjord

국가: 덴마크(Denmark)
위치: 그린란드(Greenland) 서해안, 디스코 부트(Disko Bugt, 만곡부), 일룰리사트(Ilulissat) 자치체
유산 면적: 399,800ha(서울의 약 6.6배) **등재 연도:** 2004년(2019년 경계 수정)

그린란드 일룰리사트 빙하 피오르에서 녹아내린 빙하의 빙산

일룰리사트 빙하 **피오르**는 북극권(북극 지역의 남쪽 한계선. 북위 66° 33′를 지나며 여름 하짓날에 해가 지지 않는 백야와 겨울 동짓날에 해가 뜨지 않는 극야 현상이 일어나요)에서 북쪽으로 250킬로미터 떨어진 그린란드(덴마크의 자치령)의 서해안에 있습니다.

일룰리사트는 그린란드에서 세 번째로 큰 도시라고 하며, 도시에는 사람만큼이나 많은 썰매 개들이 살고 있다고 합니다. 일룰리사트는 그린란드어로 '빙산'이라는 뜻입니다. 그린란드에서 마치 모자처럼 육지를 덮고 있는 빙하 덩어리인 **빙모** 가운데 드물게 바다로 흘러드는 몇 안 되는 곳 중 하나인 일룰리사트 빙하는 세계적으로 가장 활발하게 활동하는 급류(하루에 19~40미터 이동) 빙하에 속합니다. 그 결과 해마다 35~46세제곱킬로미터의 빙산이 분리되어 피오르를 빠져나가 바다로 향합니다.

빙하에서 부서지는 빙산은 높이가 최대 1킬로미터에 이르는 것도 있으며, 너무 커서 피오르를 따라 내려가다 얕은 지역의 바닥에 갇히기도 하고, 때로는 빙산이 부서지기까지 몇 년이 걸리기도 합니다.

그린란드에서 떨어져 나온 빙하는 전체 빙하의 약 10퍼센트에 해당하며, 남극 대륙 이외 지역의 빙하 가운데 양이 가장 많습니다. 250여 년 동안 진행된 이곳의 빙하 연구로 기후변화와 만년설 빙하학에 대한 이해의 폭을 넓히게 되었습니다.

▲ 거대한 빙하 앞의 관광선

▼ 유산 근처 고지대에 있는 툰드라 연못 풍경

1. 빙산 사이의 혹등고래(Humpback whale) 여름에는 차가운 고위도 바다에 나타나고, 겨울에는 번식하기 위해 열대나 아열대 바다에서 보입니다. 몸길이는 약 14~17미터, 몸무게는 약 40톤에 이릅니다. 긴 가슴지느러미가 특징이며, 가슴지느러미의 앞쪽 가장자리는 물결 모양이지요. 입 근처의 머리와 아래턱에 혹이 많고, 혹에는 1~2가닥의 털이 있습니다.

2. 그린란드 서부의 빙산

3. 북극여우(Arctic fox) 유산 지역에는 포유류가 매우 드물며, 그나마 북극여우가 흔하게 보여요. 체온이 빠져나가는 것을 최소화하기 위해 몸이 둥글고, 털이 두툼합니다. 여름에는 회색빛을 띤 갈색으로 털갈이를 하지요.

4. 여름에 털갈이를 한 북극여우

자이언츠 코즈웨이와 해안
Giant's Causeway and Causeway Coast

국가: 영국(United Kingdom of Great Britain and Northern Ireland)
위치: 북아일랜드(Northern Ireland)의 앤트림주(County Antrim)
유산 면적: 239.405ha(서울의 약 1/250) **등재 연도:** 1986년(2016년 경계 수정)

자이언츠 코즈웨이와 푸른 하늘이 어우러진 풍경

자이언츠 코즈웨이(Giant's causeway)는 우리말로 풀이하면 '거인의 둑길'입니다. 고대 화산 분출의 결과로 서로 연결된 현무암 기둥이 약 4만 개가 있습니다. 바다 위에 불쑥 솟아 있는 현무암 기둥(마치 섬세하게 조각칼로 깎아낸 듯한 사각형, 오각형, 육각형 등 다각형이며 '주상절리'라고도 해요)이 절경을 이루고 있습니다.

대부분 기둥은 육각형이지만 4~8면까지 다양합니다. 가장 높은 기둥은 높이가 약 12미터입니다. 이 기둥들은 절벽 기슭에서 시작하여 마치 디딤돌처럼 바다 쪽으로 나아가서 사라집니다. 이 모습에 거인들이 스코틀랜드 쪽으로 성큼성큼 바다를 건너간 거인의 발자국이라는 전설을 낳았습니다.

이 기둥들은 거인이 만든 둑길의 잔해이며, 아일랜드와 스코틀랜드 거인 간의 싸움 같은 거인에 관련한 여러 전설이 있습니다. 이곳에 관한 지질학적 연구가 300년 넘게 계속되어 지구과학 발전에 큰 보탬이 되었다고 합니다.

▲ 거인의 파이프 오르간(pipe organ)으로 불리는 주상절리가 있는 해변

▼ 바다로 사라지는 거인의 둑길

▲ 거인의 장화
▼ 코즈웨이 해안 풍경

제주 화산섬과 용암 동굴

Jeju Volcanic Island and Lava Tubes

국가: 대한민국(Republic of Korea)

위치: 제주도

유산 면적: 9,475ha(서울의 약 1/6) **등재 연도:** 2007년

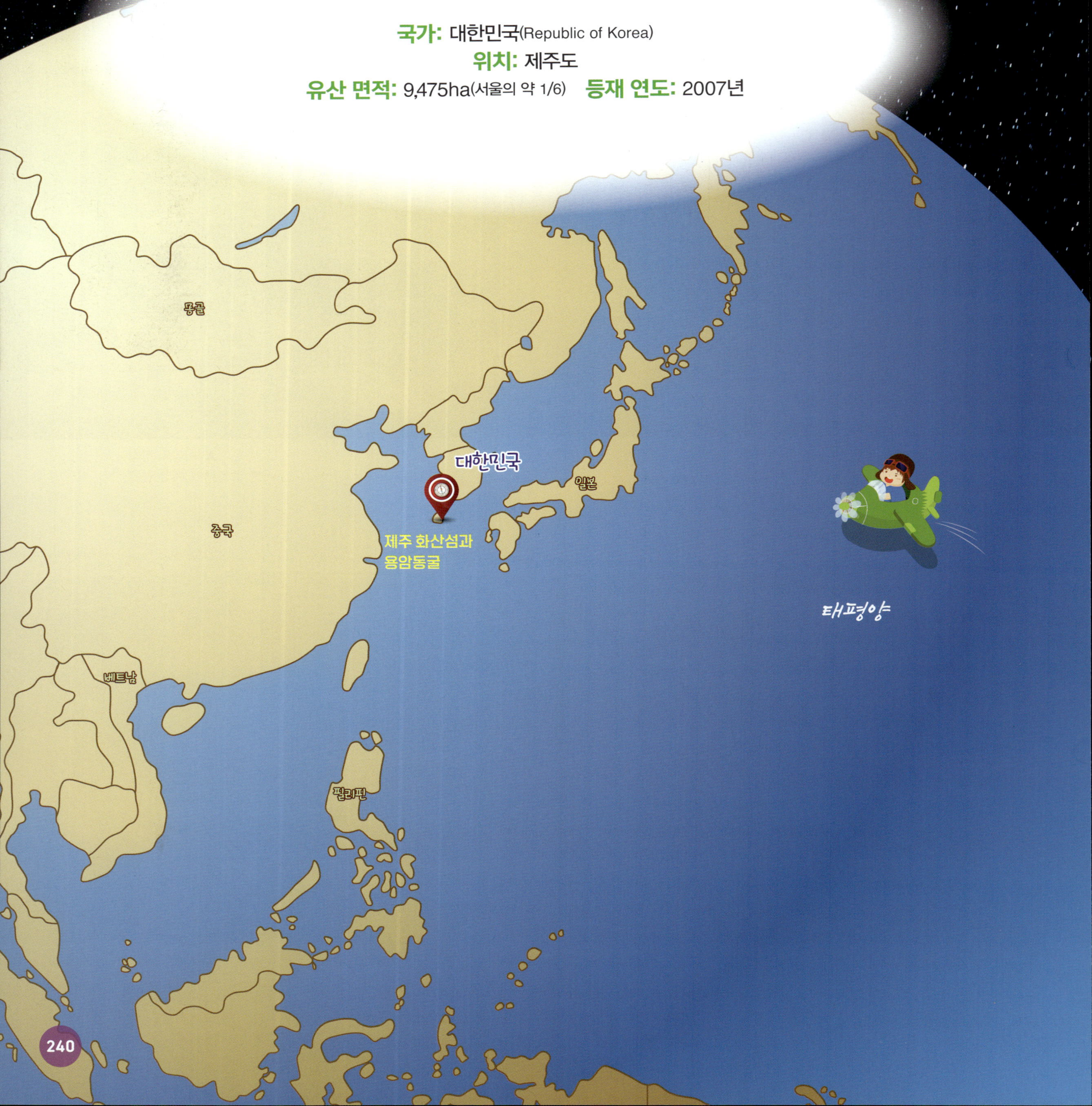

몽골

대한민국

일본

중국

제주 화산섬과
용암동굴

태평양

베트남

필리핀

제주도 서귀포시 대포동 해변의 대포주상절리, 대한민국 천연기념물

제주 화산섬과 용암 동굴은 세 구역으로 구성되어 있습니다. 천장과 바닥이 다양한 색의 탄산염 동굴 생성물로 이루어지고 어두운 용암 벽으로 둘러싸여 세계에서 가장 아름다운 동굴로 손꼽히는 거문오름 용암 동굴계, 바다에서 솟아올라 극적인 장관을 펼쳐 보이는 요새 모양의 성산일출봉 응회구(엉겨 붙은 화산재 구덩이), 그리고 폭포와 다양한 모양의 암석과 물이 고인 분화구가 있는 한국에서 가장 높은 한라산(1,947미터)입니다.

보통 바다에서 분출한 화산들은 많지만, 특히 성산일출봉 응회구는 바닷속에서 폭발한 화산의 당시 모습이 거의 그대로 보존되어 있고, 해안 절벽을 따라 화산 지형의 내부 구조를 보여 주는 곳이라 특별한 의미를 지닌답니다.

빼어난 아름다움을 자랑하는 이 유산은 지질학적 특성과 발전 과정 등 지구의 역사를 보여 주는 소중한 증거이기도 합니다.

▲ 용암 동굴의 아름다움을 보여 주는 만장굴 동굴 내부에 형성된 다양한 용암 흔적으로 학술적 가치가 매우 높아요. 동굴 길이는 약 7킬로미터입니다.

▼ 만장굴 내부

▲ 성산일출봉 산 모양이 성을 닮아 '성산봉'이라 하고, 이곳에서 바라보는 일출이 제주 제일이라서 예부터 일출봉이라고 했습니다.

▼ 성산일출봉의 풍경

▲ 한라산 백록담 둘레 1,720미터, 면적은 약 3,000제곱미터입니다. 화산작용으로 생긴 분화구에 물이 고여 형성되었습니다. 백록담이라는 이름은 신선들이 백록주를 마시고 놀았다는 전설과 흰사슴(백록)으로 변한 신선과 선녀의 전설 등에서 유래했답니다. 한라산의 다른 기생화산들에는 물이 고이지 않지만, 백록담에는 물이 고입니다. 예전에는 1년 내내 물이 수심 5~10미터로 고였으나 물을 담아내는 능력이 점점 떨어져 수심이 계속 낮아지고 있으며, 바닥을 드러내는 날도 많아지고 있어요.

▼ 산철쭉이 핀 한라산 풍경

1
2
3

1. 제주시 한경면 고산리 해안가에 솟아 있는 수월봉 화산 퇴적층

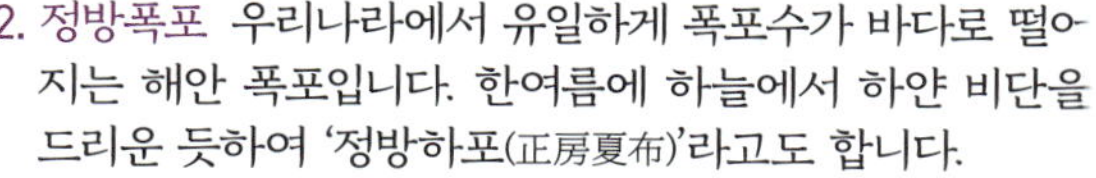

2. 정방폭포 우리나라에서 유일하게 폭포수가 바다로 떨어지는 해안 폭포입니다. 한여름에 하늘에서 하얀 비단을 드리운 듯하여 '정방하포(正房夏布)'라고도 합니다.

3. 남방큰돌고래(Indo-Pacific bottlenose dolphin) 큰돌고래보다 덩치가 조금 더 작고 날씬하며, 주둥이가 더 길어 이빨도 더 많습니다. 배에는 작은 점들이 흩어져 있습니다.(사진 제공: 고래연구센터)

중국 단샤 China Danxia

국가: 중국(China)
위치: 광둥성(廣東省), 구이저우성(貴州省), 푸젠성(福建省), 후난성(湖南省), 장시성(江西省), 저장성(浙江省)
유산 면적: 82,151ha(서울의 약 1.4배) **등재 연도:** 2010년

광둥성의 단샤산(丹霞山) 왼쪽 기둥은 '양위안 기둥'이라고 하는데, 남자를 상징한다고 해서 '남자 바위'라고도 합니다.

중국 단샤(丹霞, 단하) 지형은 중국 남동부, 남서부와 북서부에서 발견되는 독특한 암석 지형입니다. 이 지형은 붉은색 퇴적층으로 이루어진 가파른 절벽이 특징이며, 땅이 솟아오르는 융기 같은 내적 요인과 풍화·침식작용 같은 외적 요인으로 만들어진 자연경관을 가리킵니다.

이 유산은 서쪽의 구이저우성에서 동쪽의 저장성까지 약 1,700킬로미터의 초승달 모양을 이루는 둘레를 따라 중국 남동부의 아열대 지역에 있는 명승지 여섯 곳으로 이루어진 연속 유산입니다. 붉은색 절벽, 침식 지형이 특징인 수려한 자연 기둥과 탑, 골짜기, 계곡, 폭포가 장관을 이루고 있습니다.

이 웅장한 경관에는 아열대 활엽상록수림이 보존되어 있으며 많은 종의 식물과 동물이 살아가고 있습니다. 그중 400여 종은 희귀종이거나 멸종위기에 놓인 종입니다. 이곳과 비슷한 여러 지역을 비교해 볼 때 중국 단샤는 온난 다습한 기후에 나타나는 적색층 지형에서 세계적으로 뛰어난 예입니다.

이와 달리 유네스코 세계유산에는 포함되지 않지만, 다채로운 기암괴석과 단샤 지형으로 유명한 중국 간쑤성의 장예 국립지질공원(Zhangye National Geological Park)은 유네스코 세계지질공원으로 지정되었습니다.

▲ 구이저우성의 츠수이시(赤水市) 단샤

▼ 구이저우성의 황과수 폭포(黃果樹瀑布) 중국과 동아시아에서 가장 큰 폭포로, 높이 77.8미터, 폭 101미터입니다.

1. 푸젠성의 우이산(武夷山) 단샤

2. 후난성의 단샤

3. 장예 단샤 국립지질공원 중국 언론은 중국에서 가장 아름다운 지형 중 하나로 선정했습니다. 중국 단샤 유산 목록에는 들어 있지 않지만 2019년 유네스코 세계 지질공원으로 지정되었답니다.

중앙 아마존 보전지역

Central Amazon Conservation Complex

국가: 브라질(Brazil)

위치: 아마조나스주(State of Amazonas)

유산 면적: 5,232,018ha(서울의 약 86배) **등재 연도:** 2000년(2003년 확장)

베네수엘라
가이아나
수리남
기아나
콜롬비아
에콰도르
중앙 아마존 보전지역
페루
브라질
볼리비아
파라과이

아나빌하나스 국립공원 전체 면적은 350,470헥타르(서울의 약 6배 크기)로 전체 공원의 60퍼센트에 해당하는 강에는 400개 이상의 섬이 있습니다. 이 공원은 강과 섬 그리고 그 숲의 환경을 보호하는 데 목적이 있습니다.

'아마존 정글' 또는 '아마존'이라고도 불리는 아마존 열대우림은 남아메리카 아마존 유역의 대부분을 차지합니다. 전체 아마존 유역은 7억 헥타르(서울의 약 11,570배)에 걸쳐 있으며, 그중 약 86퍼센트인 6억 헥타르가 열대우림으로 덮여 있습니다. 이 지역에는 9개 국가와 3,344곳의 원주민 영토가 포함되어 있습니다.

열대우림의 60퍼센트는 브라질에 있으며, 페루 13퍼센트, 콜롬비아 10퍼센트, 볼리비아, 에콰도르, 프랑스령 기아나, 가이아나, 수리남, 베네수엘라가 작은 부분을 차지하고 있습니다. 브라질, 콜롬비아, 페루, 베네수엘라는 아마존강에서 따온 '아마조나스'를 행정 구역의 이름으로 같이 사용하고 있습니다. 아마존은 전 세계 열대우림 전체 면적의 절반 이상을 차지합니다.

아마존에는 다양한 민족 집단으로 구성된 3천만 명 이상의 사람들이 살고 있으며, 원주민은 전체 인구의 9퍼센트를 차지한다고 합니다. 중앙 아마존 보전지역은 아마존 분지 중에서 가장 큰 보호지역이며, 지구상에서 생물 다양성이 가장 높은 곳 중 하나입니다. 이 유산은 아마조나스주에 있는 자우(Jaú) 국립공원, 마마이라우아(Mamairauá) 지속가능개발 보존지역, 아마나(Amanã) 지속가능개발 보존지역과 아나빌하나스(Anavilhanas) 생태지역으로 이루어져 있습니다.

유산은 강이 범람하는 숲 생태계, 호수 그리고 수로를 포함합니다. 그 가운데 수로는 끊임없이 진화하는 수중 환경의 다양함을 보여 주며, 세계에서 가장 많은 종류의 전기물고기(electric fish)가 살아갑니다. 거대한 민물고기인 피라루쿠, 파충류 검정카이만(Black caiman), 포유류 아마존매너티(Amazonian manatee)와 두 종류의 강돌고래 등 중요한 멸종위기종도 보호하고 있습니다.

1. 토코투칸(Toco toucan) 남아메리카 고유종으로, 큰부리새과(투칸과)라고 알려진 새들 중에서 가장 큽니다. 과일을 먹으며 곤충, 개구리, 작은 파충류, 작은 새도 사냥하는 것으로 알려졌지요.

2. 피라냐(Piranha) 원주민의 언어로 '이빨이 있는 물고기'라는 뜻이랍니다. 떼로 몰려다니면서 날카로운 이빨을 드러내며 큰 동물도 잡아먹는 모습에서 포악한 육식성 물고기로 알려졌지만, 실제로는 식물성 먹이도 먹는 잡식성입니다. 무리 지어 다니는 것은 가마우지, 카이만, 돌고래와 같은 포식자에게서 보호하기 위해서라고 해요.

3. 아마존강돌고래(Amazon river dolphin) 수컷 성체의 몸 색이 분홍색이 두드러져 '분홍강돌고래(Pink river dolphin)' 또는 '보투(Boto)'라고도 하며, 남아메리카에 사는 이빨고래의 한 종입니다. 현재 3아종이 인정되고 있습니다. 암컷보다 큰 수컷의 몸무게는 약 185킬로그램, 몸길이는 2.5미터입니다. 멸종위기 위기 단계

4. 아라파이마(*Arapaima*) '피라루쿠(Pirarucu)'라고도 합니다. 큰 민물고기 중 하나로 몸길이는 보통 2미터이며, 최대 4.5미터에 이르는 것도 있다고 합니다. 몸무게는 최대 200킬로그램입니다. 몸은 주로 회색에서 초록빛을 띤 회색이며, 피라루쿠는 포르투갈어로 '붉은 물고기'를 뜻합니다. 꼬리지느러미 비늘의 붉은색 점 또는 붉은 오렌지색을 가리키는 것으로 보입니다. 아가미 호흡을 하지만 폐로도 호흡하는 능력이 있어 산소가 부족한 물에서도 살 수 있답니다.

1	
2	
3	4

독이 있는 화려한 개구리들

카나이마 국립공원 Canaima National Park

국가: 베네수엘라(Venezuela)
위치: 볼리바르주(Bolivar State)
유산 면적: 3,000,000ha(서울의 약 50배) **등재 연도:** 1994년

쿠케난 폭포(Kukenan falls) 높이 629미터로 세계에서 열 번째로 높습니다.

가이아나와 브라질 국경을 따라 베네수엘라 남동쪽으로 펼쳐진 이 공원의 약 65퍼센트가 정상이 평탄한 탁자 모양의 테푸이(Tepui, 원주민 언어로 '신의 집')로 이루어졌습니다. 공원에는 979미터 높이에서 떨어지는 앙헬 폭포(Angel Falls, '천사폭포'라는 뜻이며, 세계에서 가장 높은 지점에서 떨어져요)를 포함해 수많은 폭포가 있습니다. 테푸이의 정상에는 많은 고유종이 서식하고 있어 '판티푸이(Pantepui)'라는 생태지질학적 독립 지역으로 인정받았습니다. 비슷하게 생긴 고원과 암석 종류가 발견된다는 점에서 테푸이는 미국 애리조나주의 모뉴먼트 계곡(Monument Valley)과 구조적으로 비슷합니다. 하지만 지형의 기복과 폭포, 열대우림 경사지, 식물의 **고유도**에서 카나이마의 테푸이가 모뉴먼트 계곡보다 훨씬 더 인상적입니다.

동물의 분포는 다양하지만 종이 풍부한 것은 아니며, 포유류 118종, 파충류 72종, 양서류 55종이 이곳에 서식하는 것으로 기록되었습니다. 그 가운데 보호 대상에 속하는 6종의 포유류로는 큰개미핥기(멸종위기 취약 단계), 큰아르마딜로(Giant armadillo, 멸종위기 취약 단계), 큰수달(Giant otter, 멸종위기 위기 단계), 숲개(Bush dog, 멸종위기 취약근접 단계), 온실라(Oncilla, 멸종위기 취약 단계), 마게이(Margay, 멸종위기 취약근접 단계)가 있습니다. 조류는 다양하며 30종 이상의 판테푸이 고유종이 서식합니다. 이동이 적은 양서류, 파충류, 어류에서 고유도가 높은 특성을 보입니다. 페몬(Pemon)족으로 알려진 아메리카 원주민이 1만 년 동안 이곳 삼림지대와 대초원 지대에서 살고 있답니다.

1. 공원 풍경 왼쪽은 쿠케난 테푸이(Kukenan, 또는 Matawi-tepui, 2,680미터, 옴폭하게 들어간 부분이 쿠케난 폭포입니다), 오른쪽이 로라이마 테푸이(Roraima-tepui, 2,800미터)로 공원의 테푸이 중 가장 높습니다.

2. 앙헬 폭포(Angel falls, 천사폭포) 아우얀 테푸이(Auyán tepui)에서 떨어지는 이 폭포는 20세기 중반부터 앙헬 폭포로 알려졌습니다. 이 폭포 위를 최초로 비행한 미국인(Jimmie Angel)의 이름을 따서 지었으며, 원주민 언어로는 '케레파쿠파이 베나(Kerepakupai vená, '가장 깊은 곳의 폭포'라는 뜻)'라고 합니다. 2009년 이 이름으로 바꾸고자 했으나 이루어지지는 않았어요.

1. 온실라(Oncilla) '호랑고양이'라고도 합니다. 온실라는 마게이(Margay) 그리고 오실롯(Ocelot)과 비슷하게 생겼지만, 덩치가 더 작고 날씬하며 주둥이가 뾰족합니다. 몸길이는 38~59센티미터, 꼬리 길이는 20~42센티미터로 고양이보다 조금 더 깁니다. 멸종위기 취약 단계

2. 치리마타 폭포(Chirimata Falls)를 담은 풍경

3. 숲개(Bush dog) 몸길이는 보통 57~75센티미터, 꼬리 길이는 12.5~15센티미터이며 몸무게는 5~8킬로그램입니다. 몸에 비해 다리와 주둥이가 짧고, 귀도 대체로 작습니다. 육식동물이며 낮에 사냥합니다. 혼자 사냥할 수 있지만 보통 작은 무리를 이루어 사냥합니다. 멸종위기 취약근접 단계

4. 흰얼굴사키원숭이(White-faced saki) 수컷 주로 과일과 씨앗, 곤충을 먹습니다. 암컷은 수컷보다 머리털이 짧으며, 회색빛을 띤 갈색 털과 코와 입가에 흰색 또는 옅은 갈색 줄무늬가 있습니다. 반면 수컷은 털이 검은색이며 이마와 얼굴, 목이 붉은빛이 감도는 흰색을 띱니다. 또 얼굴이 암컷보다 훨씬 더 희고 몸집이 더 크지요.

5. 흰얼굴사키원숭이 암컷

카자흐스탄 북부 사랴르카 초원·호수 지역

Saryarka–Steppe and Lakes of Northern Kazakhstan

국가: 카자흐스탄(Kazakhstan)
위치: 코스타나이주(Qostanai Oblysy), 아크몰라주(Aqmola Oblysy), 카라간다주(Qarağandy Oblysy)
유산 면적: 450,344ha(서울의 약 7배) **등재 연도:** 2008년

러시아
우크라이나
나우르줌
코르갈진
카자흐스탄
튀르키예
조지아
아제르바이잔
몽골
투르크메니스탄
우즈베키스탄
키르기스스탄
타지키스탄
이란
아프가니스탄
중국
파키스탄
네팔
부탄
방글라데시
인도
미얀마
베트남
라오스
태국
캄보디아

사랴르카 대초원

이 유산은 나우르줌 국립 자연보존지역(Naurzum State Nature Reserve, 대초원, 반사막과 숲을 보호)과 코르갈진 국립 자연보존지역(Korgalzhyn State Nature Reserve)으로 이루어져 있습니다.

이곳은 매우 희귀한 시베리아흰두루미(멸종위기 위급 단계), 사다새(Dalmatian pelican, 멸종위기 취약근접 단계), 팔라스물수리(멸종위기 위급 단계) 등 세계적으로 멸종이 우려되는 종을 포함하여 이동 물새들에게 매우 중요한 습지입니다. 이 습지는 아프리카, 유럽과 남아시아에서 시베리아 서부와 동부의 번식지로 이동하는 새들이 중앙아시아를 지날 때 쉬거나 마주치는 주요 지점입니다.

이 유산에 포함된 중앙아시아 대초원은 이 지역의 초원 **식물상**에서 반이 넘는 종, 멸종이 우려되는 많은 조류, 예전에는 종의 수가 많았으나 밀렵으로 많이 줄어든 큰코영양의 중요한 피난처입니다.

이 유산은 북쪽으로 북극해까지 흘러가는 강들과 남쪽으로 흘러가는 강들 사이의 분수령(한 근원의 물이 두 갈래 이상으로 갈라져 흐르는 경계를 이루는 산마루나 산맥)에 있는 많은 담수호와 염호(염분이 많아 물맛이 짠 호수)를 포함합니다.

▲ 코르갈진 국립 자연보존지역

▼ 푸루너스 테넬라(*Prunus tenella*) 작은 아몬드 모양의 털이 많은 열매를 맺습니다. 열매 맛이 독특해요.

1. 큰코영양(Saiga antelope) '사이가영양'이라고도 합니다. 눈에 띄는 특징은 아래로 처진 두 콧구멍 사이가 좁고 부풀어 오른 점입니다. 이 독특한 코는 여름철 무리 지어 이동할 때 피어오르는 먼지를 걸러내는 기능을 한다고 합니다. 멸종위기 취약근접 단계

2. 코사크여우(Corsac fox) 몽골과 중국 북동부에 이르는 중앙아시아의 대초원, 반사막과 사막에서 발견되는 중간 크기의 여우입니다. '대초원여우'라고도 하지요.

3. 시베리아흰두루미(Siberian crane) '시베리아두루미' 또는 '눈두루미(Snow crane)'라고도 합니다. 눈 주위에 붉은색 작은 가면을 쓴 듯한 모습과 검은색 날개깃을 제외하고 흰색이 특징입니다. 날개를 접으면 눈 주위를 빼고는 온통 흰색이지요. 두루미 중에서 가장 먼 거리를 이동하는 것으로 알려졌습니다. 멸종위기 위급 단계

4. 팔라스물수리(Pallas's fish eagle) 털이 갈색이며, 몸길이는 72~84센티미터, 날개 편 길이는 180~215센티미터입니다. 주로 대형 민물고기를 사냥하며, 때때로 다른 물새나 토끼, 거북, 뱀뿐만 아니라 죽은 동물도 먹는다고 해요. 사진은 어린 개체입니다. 성체는 머리 부분이 밝은 갈색이며 얼굴은 희끄무레합니다. 멸종위기 위기 단계

5. 팔라스물수리 성체

캄차카 화산군 Volcanoes of Kamchatka

국가: 러시아(Russian Federation)
위치: 캄차카반도(Poluostrov Kamchatka)
유산 면적: 3,995,769.37ha(서울의 약 66배) **등재 연도:** 1996년(2001년 확장)

앞쪽이 클류체프스카야 화산(Klyuchevskaya Sopka) 해발고도 4,750미터로 북반구 활화산 중에서 가장 높습니다. 1697년 분화 이후 약 60여 차례나 분화했으며, 최근에는 거의 해마다 분화하고 있습니다.

캄차카 화산군에는 약 160개의 화산이 있고 그중 29개는 지금도 활동하는 활화산이며, 대부분 캄차카반도에 있습니다. 여러 유형의 화산과 화산 지형이 광범위하게 걸쳐 있는 세계에서 가장 특별한 화산 지역입니다. 이곳의 활화산과 빙하의 상호작용에 따라 아름다운 경관이 형성되었습니다.

이곳에는 세계적으로 가장 다양한 연어 종과 특별히 관심이 가는 해달(Sea otter), 갈색곰(Brown bear), 참수리(Stellar's sea eagle, 전 세계 개체수의 50퍼센트를 차지해요) 등 여러 생물종이 있습니다. 바다로 둘러싸인 캄차카반도에는 축축하고 온화한 기후 덕분에 식물이 풍성하게 자랍니다. 인간의 발길이 거의 닿지 않았기에 식물 대부분이 아주 옛 모습을 그대로 간직하고 있습니다.

캄차카반도는 섬의 생물지리학적인 특성을 잘 보여 주며, 그에 비해 동물상은 그리 다양하지 않지만 고유성이 높습니다. 독특하게도 거의 모든 강이 오염되지 않은 것으로 유명합니다. 이 강들은 조류와 포유류 포식자의 중요한 먹이사슬 종인 연어의 산란 장소입니다.

▲ '3형제 바위(오른쪽 앞)'와 뒤로 빌류친스키 화산(Vilyuchinsky volcano)이 보이는 풍경

▼ 톨바치크(Tolbachik) 화산 용암 톨바치크는 잠재적인 활화산이며, 2012년 37년 만에 폭발한 분화는 1년이 지나서 멈추었다고 해요.

▲ 크로노츠키 화산(Kronotsky volcano) 일본의 후지산, 필리핀의 마욘산처럼 원뿔 모양의 화산으로 해발고도 3,527미터이며, 캄차카에서 가장 아름다운 화산으로 손꼽힙니다.

▼ 쿠릴 호수(Kuril lake)에서 물고기를 사냥하는 갈색곰(Brown bear) 무리

▲ 무트노프스키 화산(Mutnovsky volcano) 캄차카반도의 활화산입니다.

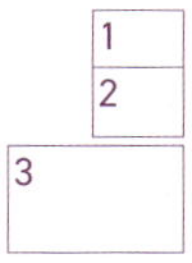

1
2
3

1. 알류샨제비갈매기(Aleutian tern) 전 세계 알류샨 제비갈매기의 50퍼센트가 이 유산 지역에서 살아갑니다. 이 새는 북극제비갈매기와 매우 비슷하게 생겼습니다. 두 종 모두 머리에 검은색 무늬가 있지만 알류샨제비갈매기는 이마 부분이 하얀색이라 구별됩니다. 그런데 어린 북극제비갈매기도 이마가 흰색이라고 하네요. 번식기에 북극제비갈매기는 부리와 다리가 빨간색이며, 알류샨제비갈매기는 검은색입니다. **멸종위기 취약 단계**

2. 북극제비갈매기

3. 홍연어(Sockeye salmon) 알을 낳는 시기에는 주로 붉은색을 띱니다. 몸길이는 84센티미터까지 자라며, 몸무게는 2.3~7킬로그램이에요. 캄차카에서 보이는 6종의 태평양 연어 중 하나입니다.

캘리포니아만의 섬과 보호구역

Islands and Protected Areas of the Gulf of California

국가: 멕시코(Mexico)

위치: 바하칼리포르니아주(Baja California State), 바하칼리포르니아 수르주(Baja California Sur State), 소노라주(Sonora State), 시날로아주(Sinaloa State), 나야리트주(Nayarit State)

유산 면적: 688,558ha(서울 면적의 약 11배) **등재 연도:** 2005년(2007년, 2011년 수정)

바하칼리포르니아 수르주의 에스피리투 산토섬(Espiritu Santo Island) 풍경

이 유산은 멕시코 북동쪽 캘리포니아만(바하칼리포니아반도와 멕시코 본토를 분리하는 태평양의 경계 바다예요. 해안선 길이는 약 4,000킬로미터)에 있는 244개의 섬과 작은 섬들 그리고 해안 지역으로 이루어졌습니다.

코르테스해와 섬들은 생물종 분화 연구를 위한 자연의 실험실이라고 불립니다. 이곳은 지구의 대양에서 일어나는 거의 모든 주요 해양학 과정들을 볼 수 있어 특별히 중요합니다.

높은 절벽과 모래밭이 펼쳐진 울퉁불퉁한 섬들이 주변 청록색 바닷물의 눈부신 반사광과 극적인 대비를 이루어 놀랍도록 아름다운 자연경관을 보여 줍니다.

세계유산 목록에 오른 해양과 섬으로 이루어진 자연유산 가운데 가장 많은 695종의 **관다발식물**이 이곳에 보금자리를 틀고 있습니다. 이곳에서 살아가는 어류 891종 가운데 90종이 고유종입니다. 전 세계 해양 포유류 종의 39퍼센트, 전 세계 고래 종의 3분의 1이 이곳에서 살고 있답니다.

1. 코르테스해의 산호초 풍경

2. 긴부리돌고래(Spinner dolphin)가 있는 풍경 이 돌고래는 주둥이가 길쭉하고, 공중으로 뛰어오르면서 여러 번 회전하는 모습이 유명하며, 영어 이름도 그 모습에서 따왔습니다.

3. 캘리포니아양머리(California Sheephead) 암컷

4. 캘리포니아양머리 수컷 모든 캘리포니아양머리는 암컷으로 태어나며, 환경 조건에 따라 가장 큰 개체가 수컷으로 바뀝니다. 수컷은 머리와 꼬리 부분이 검은색이고, 붉은빛이 감도는 주황색의 넓은 가로무늬, 붉은 눈, 그리고 이마가 솟아 있지요. 암컷은 붉은색이며 아랫면이 흰색입니다.

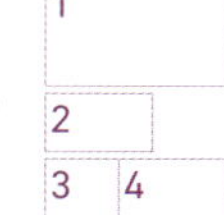

1. 노랑지느러미쥐돔(Yellowtail Surgeonfish) 꼬리 자루에 튀어나온 돌기 3개에 있는 날카로운 가시는 방어 수단입니다.

2. 모불라(*Mobula*) 흔히 '악마가오리', '비행가오리'라고 해요. 이는 무리 지어 움직이는 모습에서 붙인 이름입니다. 쥐가오리와 생김새가 닮아서 혼동하지만, 쥐가오리보다 작고 보통 가오리들에게 있는 꼬리 독침이 없습니다. 모불라에 대해서는 알려진 것이 거의 없어요.

3. 해마(Seahorse) 말처럼 생겨 붙인 이름으로 지금까지 50여 종이 알려졌습니다. 종에 따라 크기가 다양하며, 작게는 2센티미터에서 크게는 40센티미터에 이른답니다. 수컷에 육아낭이 있어 암컷이 그곳에 알을 낳으면 수컷은 새끼가 알에서 깨어날 때까지 품습니다. 이 모습에 수컷이 알을 낳는다고 잘못 알려진 해양 동물로 유명하지요.

4. 황소상어(Bull Shark) 주둥이가 넓고 몸통이 다부지며 성질이 불 같아 붙인 이름입니다. 바다와 강 모두에서 살 수 있어요. 멸종위기 취약 단계

케이프 식물구계 보호구역

Cape Floral Region Protected Areas

국가: 남아프리카공화국(Republic of South Africa)
위치: 웨스턴케이프, 이스턴케이프주(Western Cape, Eastern Cape Province)
유산 면적: 1,094,742ha(서울의 약 18배) **등재 연도:** 2004년(2015년 확장)

핀보스 식물 군락

남아프리카공화국의 남서부 끝에 있습니다. 육지의 생물 다양성과 관련하여 세계에서 가장 규모가 큰 곳 중 하나입니다. 확장된 유산에는 국립공원, 자연보호구역, 야생 지역, 국유림, 산악 지역 등이 포함되었습니다. 추가된 요소들 덕분에 이 유산은 '핀보스(Fynbos) 식생'과 관련한 고유종을 상당수 포함할 수 있게 되었습니다.

'핀보스 식생'은 지중해성 기후(겨울에 강수량이 많고, 여름에는 건조한 것이 특징)와 이따금 발생하는 산불에 적응하여 작은 잎사귀가 돋아나도록 진화한 경엽관목(잎이 딱딱하고 줄기가 여러 개 있으나 어느 하나가 특별히 크지 않고, 나무의 높이가 3미터보다 작은 나무)으로 케이프 **식물구계**에서만 나타납니다. 화재나 여러 자연 교란에 적응한 식물, 개미와 흰개미가 씨앗을 퍼뜨리는 점, 특히 딱정벌레와 파리 등의 곤충과 새 그리고 포유류가 상당히 높은 비율로 꽃가루받이를 하고, 활발한 적응방산(같은 종류의 생물이 환경에 적응하여 여러 계통으로 분화하는 진화 현상)과 종의 분화 등이 과학계의 주목을 받고 있습니다.

아프리카 면적의 0.5퍼센트에도 미치지 못하지만, 이곳에는 아프리카 전체 대륙의 식물 중 약 20퍼센트가 서식합니다. 엄청난 식물 다양성, 밀도, 고유성이 세계 최고 수준이며 이 지역에 서식하는 9,000여 종의 식물 중 약 69퍼센트가 이 지역 고유종입니다. 1,736종의 식물종은 멸종위기에 놓여 있으며 3,087종은 보호를 위한 관심이 필요합니다. '케이프 식물구계'는 세계 35개 생물 다양성 보존을 위한 중요한 지역입니다.

1. 베르젤리아 라누기노사(*Berzelia lanuginosa*) 흔히 '단추덤불'이라고도 하는데 이는 꽃 생김새에 빗댄 이름으로 보입니다. 남아프리카공화국 서부 지역이 원산지로 높이 120~180센티미터까지 자라며, 줄기 끝에 최대 400송이의 꽃이 핍니다.

2. 레우코스페르뭄 코르디폴리움(*Leucospermum cordifolium*) 핀보스 식물의 하나로 영어 이름 오너먼트 핀쿠션(Ornamental pincushion)은 '장식용 바늘꽂이'라는 뜻입니다. 꽃잎이 의상 디자이너들이 작은 쿠션에 핀을 꽂아 둔 것에 빗대어 붙였고, 아프리카에서는 동물 '발톱'에 빗대었습니다. 개미가 이 꽃의 씨앗을 땅속으로 물고 가 모아 놓은 덕분에 싹이 트지요. 멸종위기 취약근접 단계

3. 핀보스 생물계 풍경

1. 핀보스 식물인 페노코마(*Phaenocoma prolifera*) 보라색과 분홍색 꽃이 주로 봄에 윗가지 끝에 피며, 대부분 1년 내내 그대로 있습니다. 꽃잎처럼 보이는 것은 꽃을 감싸는 잎(포엽)이지요. 이 잎은 뻣뻣하고 종이처럼 건조하여 시들지 않아 장식용으로 쓸 때 잘 관리하면 수년 동안 변하지 않는다고 합니다. 이 때문에 '영원'이라는 별명을 가진 꽃이 되었다고 해요.
2. 로리둘라 덴타타(*Roridula dentata*) 벌레잡이식물로 높이 150센티미터 넘게 자랍니다. 잎이 끈적끈적한 털로 덮여 있어 벌과 같은 곤충, 아주 가끔 작은 새도 잡는다고 합니다.
3. 크라술라 퍼폴리아타(*Crassula perfoliata*) 남아프리카의 고유종으로, 다육식물(잎 또는 줄기 속에 물을 가두는 식물)의 하나입니다. 높이 1미터까지 자라고, 두툼한 낫 모양 잎이 줄기를 감싸듯 어긋나기 하며 종종 붉은색 무늬를 띠기도 합니다. '퍼폴리아타'는 '잎이 줄기를 감싸고 있다'는 뜻이라고 해요.

코모도 국립공원 Komodo National Park

국가: 인도네시아(Indonesia)
위치: 동누사텡가라주(East Nusa Tenggara Province)
유산 면적: 219,322ha(서울의 약 3.6배) **등재 연도:** 1991년

코모도 국립공원(파다르섬)의 해돋이

화산섬으로 이루어진 코모도 국립공원에는 거대한 도마뱀이 약 5,700마리가 살고 있습니다. 코모도 국립공원은 코모도, 파다르(Padar), 린카(Rinca)의 큰 섬 3개, 작은 섬 26개로 이루어져 있으며 코모도왕도마뱀을 보호하기 위해 1980년에 설립되었습니다.

코모도왕도마뱀은 그 생김새와 공격적인 습성에 빗대어 '코모도용(Komodo dragon)'이라고도 합니다. 이들은 세계 다른 곳에는 찾아볼 수 없어 진화 이론을 연구하는 과학자들에게 큰 관심을 받고 있습니다.

세계에서 유일하게 코모도왕도마뱀이 야생의 상태로 살아가는 이곳은 육지에서 떨어진 섬이라 코모도왕도마뱀이 오랫동안 살아가기에 최고의 장소로 손꼽힙니다.

건조한 사바나의 거친 구릉과 가시가 많은 초목이 우거진 골짜기, 눈부신 하얀 모래 해안 그리고 산호 위로 물결치는 푸른 바다 등 아름다운 자연 풍경은 이 유산의 가치를 높입니다.

▲ 코모도왕도마뱀(Komodo dragon) 가장 큰 도마뱀 종으로 드물게 최대 몸길이는 3미터까지 자라며, 몸무게는 자연 상태에서 최대 약 70킬로그램이지만 더 많이 나가기도 합니다. 코모도왕도마뱀의 침에는 여러 가지 독이 있는 미생물이 있어서 다른 동물이 물리면 중독되어 죽고, 코모도왕도마뱀은 이를 이용해 먹이를 사냥하지요. 멸종위기 위기 단계

▼ 코모도왕도마뱀

▲ 왕갑오징어(Broadclub cuttlefish) 산호초에서 가장 흔한 으징어로 최대 30미터 깊이에서 삽니다. 대왕오징어(Giant squid) 다음으로 큰 오징어 종으로 몸무게가 10킬로그램까지 나간다고 해요. 보통 밝은 갈색 또는 노란색에 흰색 얼룩무늬가 있으며 수컷은 때때로 짝짓기 시기에 짙은 갈색을 띱니다.

▼ 바다뱀이 있는 산호초 풍경

▲ 크로미스 비리디스(*Chromis viridis*) 녹색크로미스(Green chromis)라고도 하는 자리돔의 한 종류이며, 대체로 연청색을 띱니다. 최대 몸길이는 10센티미터로 산호 주변에서 무리 지어 다닙니다.

▼ 말미잘과 흰동가리(Ocellaris clownfish) 둘은 서로 돕고 사는 공생관계랍니다. 흰동가리는 약 11센티미터까지 자라며, 다른 많은 어류와 마찬가지로 암컷이 수컷보다 큽니다.

1. 물속 맹그로브 숲 맹그로브 숲은 어린 해양생물들을 돌보는 역할을 하고 육지에서 흘러내리는 물을 걸러냅니다.

2. 트리메레수루스 알볼라브리스(*Trimeresurus albolabris*) 수컷 코모도 국립공원에는 모두 12종의 육상 뱀이 살고 있습니다. 이 뱀은 '흰입술구덩이독사(white-lipped pit viper)' 또는 '흰입술나무독사(white-lipped tree viper)'라고도 합니다. 수컷은 눈 밑으로 흰색 줄무늬가 옆으로 뻗어 있어 암컷과 구별된답니다.

3. 트리메레수루스 알볼라브리스 암컷

키나발루 공원 Kinabalu Park

국가: 말레이시아(Malaysia)
위치: 사바주(Sabah State)
유산 면적: 75,370ha(서울의 약 1.2배) **등재 연도:** 2000년

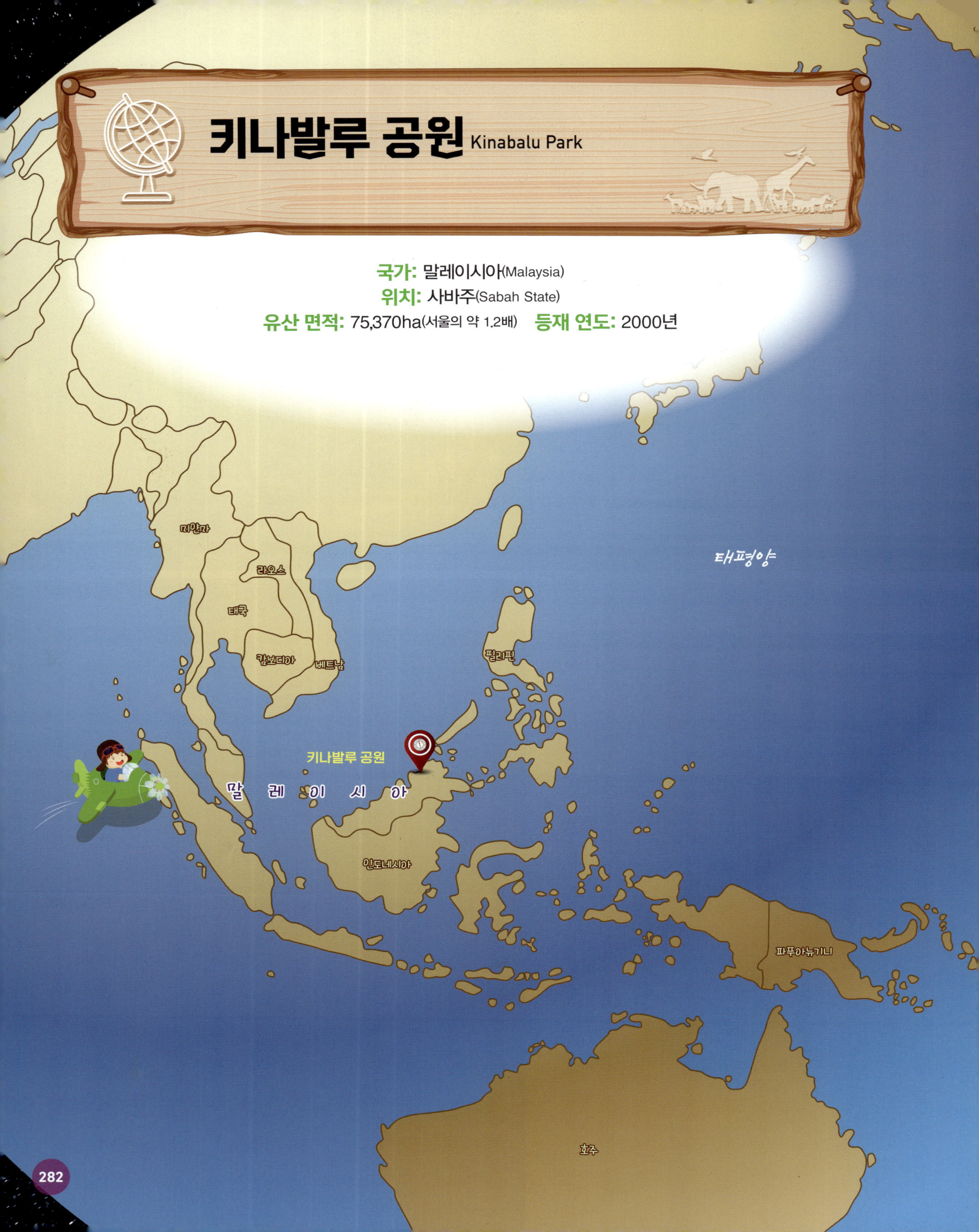

우뚝 솟은 키나발루산이 있는 풍경

보르네오섬 북쪽 끝 사바주에 있는 키나발루 공원에는 히말라야와 뉴기니(New Guinea) 사이에서 가장 높은 키나발루산(해발고도 4,095미터)이 우뚝 솟아 있습니다. 풍부한 열대 저지대와 언덕의 열대우림에서부터 열대 산악림, 아고산대 삼림, 고도가 더 높은 곳의 관목 지대까지 서식지의 범위가 매우 넓고 다양합니다.

동남아시아 식물 다양성의 중심지로 지정되었고, 전 열대 지역에 분포하는 식물상뿐만 아니라 히말라야, 중국, 호주, 말레이시아의 식물상이 혼합되어 있어 종 다양성이 매우 높습니다.

공원에는 5,000~6,000종의 관다발식물이 있고, 그중 1,000종은 난초류입니다. 특히 고무나무류, 양치식물과 벌레잡이식물이 풍부합니다. 또 썩은 냄새를 풍기는 희귀한 기생식물 라플레시아도 발견됩니다. 산악지대의 식물상은 500만~700만 년 전에 지구상에 등장한 것으로 추정하는 셀러리소나무(Celery pine)와 같은 '살아 있는 화석(living fossil)' 종도 포함하고 있습니다.

이 유산은 말레이시아 최초의 세계유산으로, 조류 326종, 약 100종의 포유류를 포함하여 110종이 넘는 육지 달팽이가 살아가는, 세계에서 가장 중요한 생물학적 유적지 중 하나라는 점에서 그 가치를 인정받았습니다.

1. 마후아 폭포(Mahua Waterfall) 높이 17미터이며, 자연 명소 중의 하나로 2003년부터 개방되었다고 합니다.

2. 긴코원숭이(Proboscis monkey) 몸길이 54~76센티미터, 꼬리 길이 52~76센티미터입니다. 털은 붉은빛을 띤 밝은 갈색이며, 가슴과 배는 하얀색입니다. 수컷은 코가 길고 두툼하며, 때로는 10센티미터 아래로 늘어지기도 합니다. 나팔 소리처럼 우렁차게 소리 낼 때는 코가 우뚝 서며, 화가 나면 코가 빨개지거나 부풀어 오릅니다. 암컷과 새끼의 코는 수컷보다 훨씬 짧고 앞으로 툭 튀어나와 있으며, 울음소리도 작습니다. 멸종위기 위기 단계

3. 긴코원숭이 수컷

4. 트리메레수루스 사바히(*Trimeresurus sabahi*) 동남아시아에서 발견되는 아종이 5종인 독사로, 보르네오섬의 고유종입니다. 홍채가 붉은색입니다.

1. 붉은목비단날개새(Red-naped trogon) 수컷 암수가 뚜렷하게 구별이 되는 새로, 수컷 머리 뒤쪽 목덜미의 붉은색 깃털이 특징이며, 이 특징에 따라 이름을 붙였어요. 멸종위기 취약근접 단계

2. 붉은목비단날개새 암수(왼쪽이 암컷)

3. 네펜데스 빌로사(*Nepenthes villosa*) 벌레잡이통풀의 무리를 흔히 네펜데스(*Nepenthes*)라고 하며 여러 종류가 있습니다. 이 풀의 종 이름인 '빌로사'는 털이 많다는 뜻이지요. 해발 3,200미터에서 자라는 보르네오의 다른 네펜데스보다 더 높은 곳에서 자랍니다.

4. 네펜데스 에드워즈아나(*Nepenthes edwardsiana*) 모든 네펜데스 중에서 가장 아름다운 식물이라고 하며 해발 1,500~2,700미터에서 자랍니다. '에드워즈아나'라는 이름은 식민 총독의 이름을 붙인 것이라고 해요. 멸종위기 취약 단계

5. 네펜데스 베이치(*Nepenthes veitchii*) 묘목장 주인의 이름(베이치)을 따서 붙였다고 합니다. 보르네오 북서부에 널리 분포하며 해발 0~1,600미터에서 자랍니다.

킬리만자로 국립공원
Kilimanjaro national park
국가: 탄자니아(United Republic of Tanzania)
위치: 킬리만자로 지역(Kilimanjaro Region)
유산 면적: 75,575ha(서울의 약 1.3배) 등재 연도: 1987년
차드
수단
중앙아프리카공화국
남수단
에티오피아
카메룬
소말리아
케냐
우간다
인도양
가봉
콩고공화국
콩고민주공화국
르완다
부룬디
킬리만자로 국립공원
탄자니아
앙골라
말라위
잠비아
마다가스카르
모잠비크
짐바브웨
나미비아
보츠와나
에스와티니
레소토
남아프리카공화국

아침의 킬리만자로산

킬리만자로 국립공원은 세계 최대 규모의 화산암 지대이자 아프리카에서 가장 높은 킬리만자로산을 아우르고 있습니다. 킬리만자로산은 주변 평원 바닥면에서의 높이는 4,877미터이며, 정상(산꼭대기)까지의 해발고도는 5,895미터에 이릅니다. 눈 덮인 봉우리가 드넓은 사바나를 내려다보며 홀로 우뚝 솟은 킬리만자로산은 자연현상이 만들어낸 걸작입니다.

킬리만자로산은 동남동 축을 따라 연대가 각기 다른 주요 봉우리 세 개가 있으며, 그 밖에도 작은 원뿔 모양의 기생화산들이 여러 개 있습니다.

서쪽에는 가장 오래된 봉우리인 '시라(Shira, 3,962미터)'가 있으며, 그 북쪽과 동쪽은 다른 봉우리인 '키보(Kibo, 5,895미터)'에서 나온 물질로 뒤덮여 현재 서쪽과 남쪽 가장자리만 남았고, 면적이 6,200헥타르에 이르는 비교적 평평한 고원 형태를 이루고 있습니다. 동쪽으로는 울퉁불퉁하게 침식된 '마웬지(Mawenzi, 5,149미터)' 봉우리가 자리 잡고 있습니다.

▲ 킬리만자로산 정상

◀ 니포피아(*Kniphofia*) 니포피아 무리에 속하는 식물을 통틀어 가리킵니다. 보통 '트리토마(Tritoma)', 붉은색 꽃의 생김새에 빗대어 '레드 핫 포커(Red hot poker, 붉은부지깽이)', '토치 릴리(Torch lily, 횃불백합)'라는 이름을 얻었고, '포커 플랜트(Poker plant)'라고도 합니다. 이 무리에 속하는 아프리카 자생 식물은 약 70종이라고 합니다. 꽃은 꿀벌과 벌새 등에게 인기가 많아요.

1. 덴드로세네시오 킬리만자리(*Dendrosenecio kilimanjari*) 킬리간자로산 높은 곳(해발 4,000미터)에서 발견되는 거대한 식물이며 씨앗을 바람에 실어 퍼뜨립니다. 원래 세네시오 킬리만자리(*Senecio kilimanjari*)로 알려졌지만, 최근에 다시 분류되었습니다.

2. 흰목까마귀(White-necked raven) 킬리만자로산에는 높은 곳에 사는 새가 흰목까마귀를 비롯해 약 179종이 있는 것으로 파악되고 있습니다.

3. 푸른원숭이(Blue monkey) 이름처럼 털 색이 눈에 띄게 파란-색은 아닙니다. 털이 거의 없는 얼굴이 때로는 파란색으로 보일 뿐이지요. 툭 튀어나온 듯한 흰색 눈썹이 마치 왕관처럼 보여 '왕관원숭이'라고도 해요.

탈라망카산맥-라 아미스타드 보호지역/ 라 아미스타드 국립공원

Talamanca Range-La Amistad Reserves/ La Amistad National Park

국가: 코스타리카(Costa Rica), 파나마(Panama)

위치: 코스타리카의 산호세주, 카르타고주, 리몬주, 푼타레나스주(San Jose, Cartago, Limon and Puntarenas Provinces), 파나마의 보카스델토로주와 치리키주(Provincias de Bocas del Toro y Chiriqui)

유산 면적: 570,045ha(서울의 약 9배) **등재 연도:** 1983년(1990년 확장)

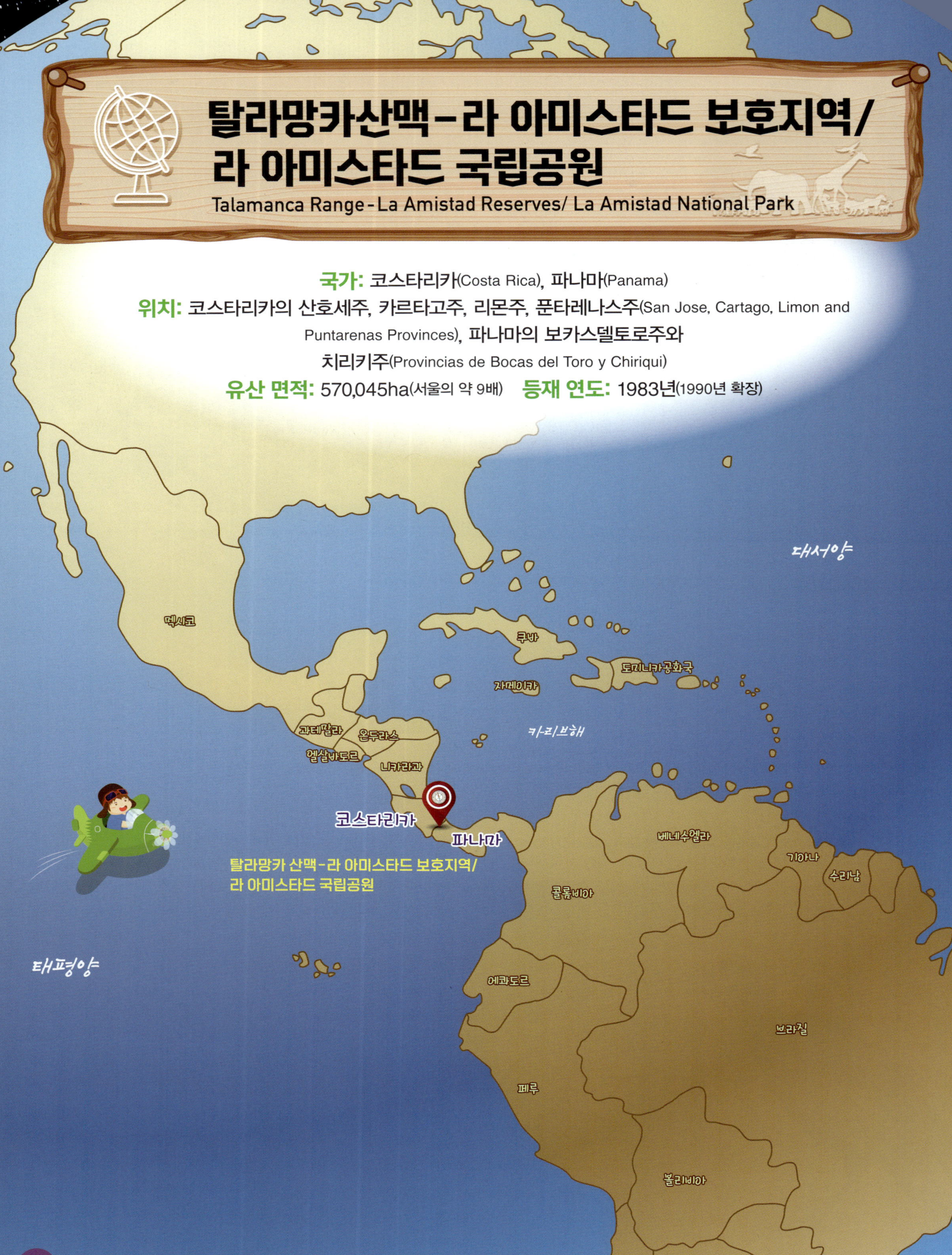

코스타리카의 아름다운 탈라망카산맥(Talamanca Range) 풍경

라 아미스타드 국립공원은 파나마와 코스타리카의 국경지대인 산과 산비탈에 있습니다. 탈라망카산맥은 중앙아메리카에서 가장 높고 험준한 산맥입니다. 이 산맥은 화산활동이 아닌 외부의 힘에 따라 지각의 습곡(지각에 작용하는 횡압력에 따라 지층이 물결 모양으로 주름이 지는 현상)과 융기(높게 일어나 들뜸) 활동으로 이루어진 특징을 보이며 태평양과 카리브해를 나누는 분기점입니다.

제4빙하기에 형성된 가파른 계곡과 빙하 웅덩이가 남아 있는 코스타리카의 치리포 국립공원(Chirripo National Park)은 중앙아메리카에서 빙하기의 흔적을 볼 수 있는 유일한 곳입니다.

국립공원의 저지대는 열대우림과 운무림(끊임없이 구름이나 안개가 끼는 곳에 발달하며 습도가 높은 숲)으로 이루어졌으며, 그 외에도 아고산대 파라모(Paramo, 남아메리카 열대 지역의 고지 평원) 삼림지대와 참나무 삼림지대, 빙하로 이루어진 호수 지대와 고산 습지대 등 중앙아메리카에서는 보기 드문 네 곳의 지역을 포함합니다. 또 이 국립공원에는 열대에서 나타나는 다섯 곳의 고도 생태계 지역이 모두 있어 다채로운 숲 생태계가 펼쳐집니다.

▲ 유산의 풍경

▼ 탈라망카벌새(Talamanca hummingbird) 큰 벌새이며 코스타리카에서 파나마까지 살아갑니다. 몸길이는 약 13센티미터이며, 몸무게는 수컷이 암컷보다 조금 무겁습니다. 부리는 검은색에 암수 모두 길고 곧으며, 눈 뒤에 작은 흰색 점이 있습니다.

1. 케찰(Resplendent quetzal) 모두 5종이 있으며, 케찰은 이 새의 머리 위 깃털이 똑바로 선 모습에 빗대어 붙인 이름으로, '똑바로 세워진 깃털'을 뜻합니다. 예로부터 신성한 새로 여기고 있으며, 과테말라의 나라 새이기도 해요. 아즈텍 신화에 등장하는 날개 달린 뱀의 형상을 한 신 '케찰코와틀'은 이 새와 뱀을 뜻하는 코아틀을 합친 이름입니다. 멸종위기 취약근접 단계

2. 중앙아메리카다람쥐원숭이(Central American squirrel monkey) '붉은등다람쥐원숭이'라고도 합니다. 보통 20~75마리가 무리 지어 살며 잡식성입니다. 암컷은 2년 반, 수컷은 4~5년에 어른이 됩니다. 어른이 된 암컷은 자신이 태어난 무리에서 떠나지만 수컷은 평생 그 무리와 함께한다고 합니다. 숲을 파괴하거나 사냥 그리고 애완동물로 기르려고 마구 잡아서 그 수가 눈에 띄게 줄어들고 있습니다. 멸종위기 위기 단계

3. 세볏방울새(Three-wattled bellbird) 태어난 후 7년이 지나 어른이 되기까지 암수의 깃털 색이 같습니다. 어른이 되면 수컷은 머리와 목은 흰색, 나머지는 붉은빛을 띤 갈색으로 바뀌고, 부리 아래로 수염처럼 늘어진 세 가닥의 볏이 자란답니다. 멸종위기 취약 단계

투바타하 산호초 자연공원

Tubbataha Reefs Natural Park

국가: 필리핀(Philippines)

위치: 팔라완주(Province of Palawan) 카가얀칠로 지자체(Municipality of Cagayancillo)

유산 면적: 96,828ha(서울의 약 1.6배) **등재 연도:** 1993년(2009년 확장)

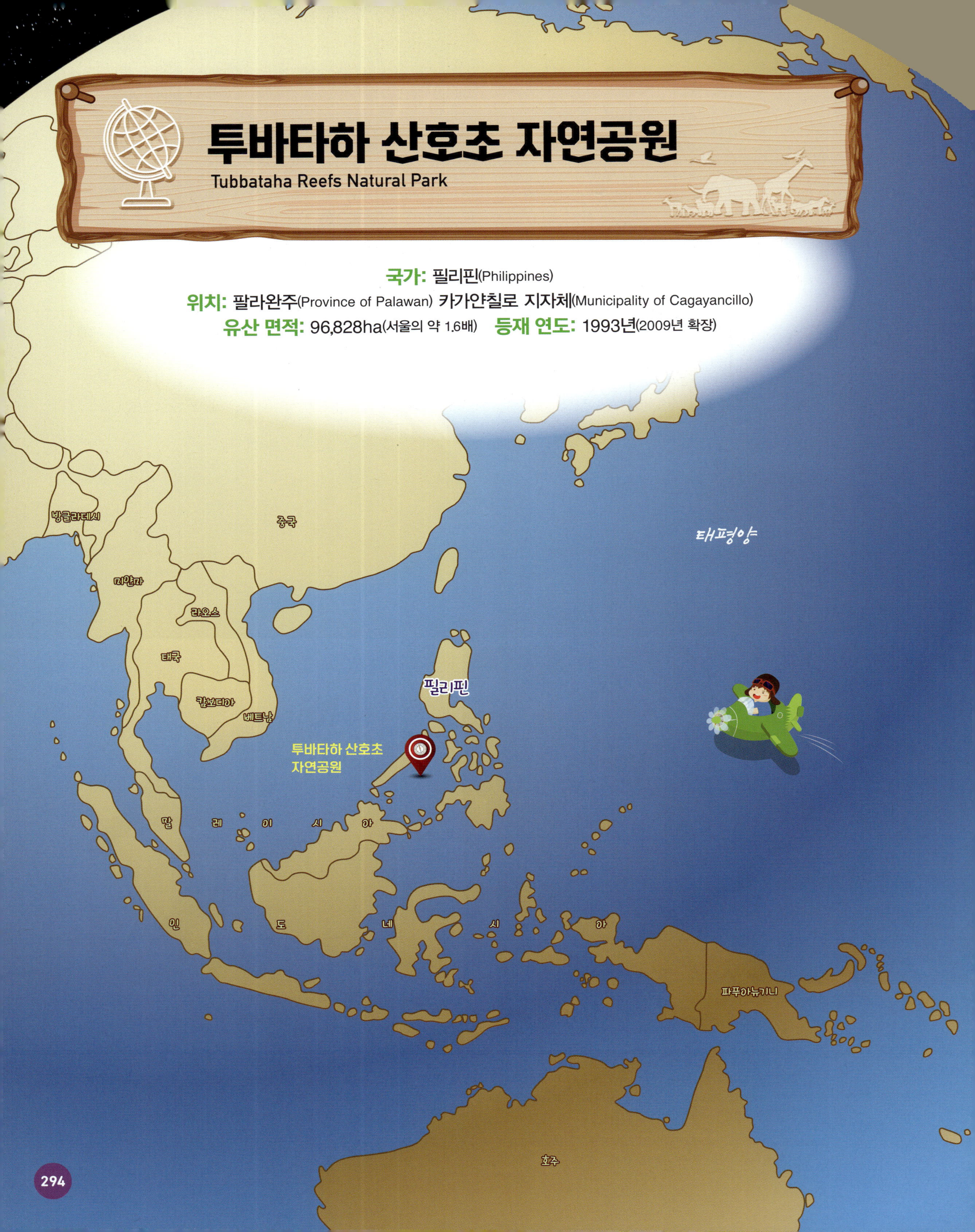

무리 지어 움직이는 줄전갱이(Bigeye trevally)

이 자연공원은 오염되지 않은 산호초의 훌륭한 사례를 보여 주며, 해양생물의 다양성이 매우 높습니다. 드넓은 산호초 평원, 해저 100미터 깊이까지 이르는 수직 벽뿐만 아니라 심해 지역이 유산에 포함됩니다. 지금도 진행 중인 산호초의 생성 과정을 보여 주며, 산호초 생태계에 기대어 살아가는 많은 해양생물의 보금자리인 이 유산은 생태학적 · 생물학적 과정을 연구하는 자연 실험실입니다.

뱀상어나 귀상어(Hammerhead shark) 등 먹이사슬의 제일 높은 자리를 차지하는 포식자가 살고 있다는 사실은 이 유산 지역의 생태학적 균형이 잘 유지되고 있음을 증명합니다. 또한 이 유산은 기후변화에 따른 영향과 천연 산호초 생태계의 반응 연구를 위한 시범 지역이기도 합니다.

산호초에서는 필리핀에서 발견되는 산호 종류의 90퍼센트에 가까운 374종의 산호가 서식하며, 유산 지역의 산호초와 바다에서는 고래 11종, 상어 11종, 또한 상징적인 어종으로서 멸종이 우려되는 나폴레옹피시를 포함해 모두 479종으로 짐작되는 어류가 서식합니다. 이 유산에는 세계에서 가장 많은 수의 '단문상어(Whitetip reef shark)'가 살아갑니다. 또 위기종인 푸른바다거북과 매부리바다거북의 매우 중요한 산란지이자 휴식처이며, 이들이 어린 시절을 보내는 안식처이기도 합니다.

모두 7종의 바닷새가 이곳에 서식하며, 새섬(Bird Islet)과 남섬(South Islet)은 텃새 7종과 멸종위기종 바닷새들의 산란 장소일 뿐만 아니라 멸종위기에 놓인 흰배군함조도 주기적으로 이곳을 찾아옵니다.

1. 형형색색의 아름다운 산호

2. 텔레노타 아나나스(*Thelenota ananas*) '파인애플해삼(Pineapple sea cucumber)'이라고도 합니다. 해삼은 바다 밑바닥을 깨끗하게 하는 중요한 동물입니다. 우리말 이름 해삼은 '바다의 삼'이라는 뜻이지만, 영어 이름은 '바다오이'를 뜻해요. 멸종위기 위기 단계

3. 매부리바다거북의 주둥이

4. 매부리바다거북과 산호가 있는 풍경 매부리바다거북(Hawksbill sea turtle)은 단단하고 뾰족한 주둥이가 아래로 휜 모습이 마치 매의 부리처럼 보여 붙인 이름입니다. 멸종위기 위급 단계

1. 무리 지어 헤엄치는 고래상어

2. 흰배군함조(Christmas frigatebird) 날개 편 길이가 약 2.15미터로 인도양에 자리한 크리스마스섬의 고유종입니다. 섬을 1643년 크리스마스에 발견했다고 해서 붙인 이름이지요. 멸종위기 취약 단계

3. 뱀상어(Tiger shark) 외국 학자들은 몸 무늬를 호랑이 무늬에 빗대어 영어 이름을 '호랑이상어'라고 불렀고, 우리나라 학자는 뱀 무늬에 빗대어 뱀상어라는 이름을 붙였습니다. 덩치 큰 상어로 다섯 손가락 안에 듭니다. 멸종위기 취약 단계

퉁야이 후아이카캥 야생동물 보호구역
Thungyai-Huai Kha Khaeng Wildlife Sanctuaries
국가: 태국(Thailand)
위치: 깐차나부리, 딱, 우타이타니 지방(Kanchanaburi, Tak and Uthai Thani Provinces)
유산 면적: 622,200ha(서울의 약 10배) 등재 연도: 1991년
네팔
부탄
방글라데시
인도
중국
미얀마
베트남
라오스
태국
퉁야이 후아이카캥
야생동물 보호구역
캄보디아
필리핀
태평양
말 레 이 시 아
인 도 네 시 아
인도양

통야이나레수안(Thung Yai Naresuan) 야생동물 보호구역의 열대우림

태국과 미얀마(Myanmar)의 국경을 따라 펼쳐진 이 유산에는 동남아시아에 있는 거의 모든 형태의 대륙성 삼림(나무가 빽빽하게 들어선 숲) 유형이 나타나며, 보존 상태가 비교적 온전한 편입니다.

이 유산은 통야이나레수안(Thung Yai Naresuan)과 후아이카캥(Huai Kha Khaeng) 두 야생동물 보호구역을 포함합니다. 동물상은 주로 순다 열도, 인도차이나, 인도-미얀마, 중국-히말라야 지역의 종들이 혼합되어 나타나는데, 이러한 종들의 분포 범위가 겹치는 예는 흔하지 않습니다.

현재까지의 자료에 따르면 포유류 120종, 조류 400종, 파충류 96종, 양서류 43종, 민물고기 113종이 이곳에 서식하고 있습니다. 세계적으로 멸종될 우려가 있는 34종의 생물도 발견되었습니다. 이곳에는 딱따구리가 22종 사는데, 이는 한 군데 서식지에 있는 딱따구리 종의 수로는 세계에서 가장 많습니다.

다양성이 높은 이유 가운데 하나는, 이곳이 아주 옛날 지구가 가장 건조한 시기였을 때 두 군데밖에 없었던 상록수림 서식지 중 하나였기 때문입니다. 아시아에서 이곳처럼 큰 규모로 대형 초식동물(코끼리 300마리)과 그 포식자(호랑이 등)의 군집이 유지되는 곳은 거의 없답니다.

1. 퉁야이나레수안 야생동물 보호구역의 폭포
2. 후아이카캥 야생동물 보호구역의 풍경
3. 후아이카캥 야생동물 보호구역에서 만난 코끼리

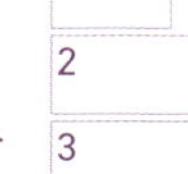

1 2
3 4
5

1, 2. 큰불꽃등딱따구리(Greater flameback) 왼쪽 수컷 두 마리, 오른쪽 암컷 '큰황금등딱따구리'라고도 하며 몸길이는 약 33센티미터입니다. 아종마다 색깔이 매우 다양하지만 아종 모두 성체 수컷은 정수리가 항상 붉은색입니다. 암컷은 아종에 따라 정수리가 검은색 바탕에 흰색, 노란색 또는 갈색 바탕에 더 밝은 점들이 있지요. 어린 개체는 암컷과 비슷하지만 깃털이 더 칙칙하고 홍채는 갈색입니다.

3. 검은머리딱따구리(Black-headed Woodpecker) 수컷 수컷은 정수리에 붉은색 깃털이 있지만 암컷은 없습니다. 어린 개체는 성체보다 색이 다양하지 않으며, 어린 수컷은 정수리에 붉은색 무늬가 작게 나타납니다.

4. 크낙새(White-bellied Woodpecker) 수컷 '흰배딱따구리' 또는 '큰검은딱따구리'라고도 합니다. 우리나라의 크낙새는 14아종 가운데 하나로 1990년대 이후로 관찰되지 않습니다. 이처럼 우리나라에서는 크낙새가 귀하지만 세계적으로는 흔합니다. 언뜻 보면 까막딱따구리와 비슷해 많이 헷갈리기도 하지만 크낙새는 배와 허리, 날개 아랫면이 흰색입니다.

5. 돼지사슴(Indian hog deer, 또는 인도돼지사슴) 돼지사슴은 여느 사슴들보다 다리가 짧은 편이라 장애물을 뛰어넘지 못해 돼지처럼 머리를 숙이고 밑으로 빠져나가는 모습에서 붙인 이름이지요.
멸종위기 위기 단계

플리트비체 호수 국립공원

Plitvice Lakes National Park

국가: 크로아티아(Croatia)
위치: 비하크(Bihac) 동쪽 10km, 리카세니주(County of Lika-Senj)
유산 면적: 29,581.7ha(서울의 약 49/100) **등재 연도:** 1979년(2000년 확장)

영국
네덜란드
독일
폴란드
벨라루스
우크라이나
프랑스
몰도바
크로아티아
루마니아
플리트비체 호수 국립공원
스페인
이탈리아
불가리아
그리스
튀르키예
모로코
튀니지
알제리
리비아
이집트

플리트비체 호수 국립공원의 무지개 뜬 풍경

석회암과 부드러운 석회질 암석인 **백악** 위로 흐르는 물이 수천 년 이상에 걸쳐 석회 침전물로 장벽을 이루어 천연의 댐들을 만들었습니다. 이에 따라 아름다운 호수, 동굴, 폭포 등이 생겼습니다. 이 지질학적 과정은 지금도 계속되고 있습니다.

이 국립공원의 삼림지대는 곰, 늑대 그리고 수많은 희귀종 조류의 서식지입니다. 고도가 낮은 곳의 너도밤나무 숲, 그보다 높은 곳의 너도밤나무와 전나무의 혼합림으로 이루어진 삼림은 고도, 지질, 토양, 그 밖의 다양한 생태계의 요인에 따라 여러 식물이 모자이크처럼 서로 맞물려 있습니다.

이곳은 유라시아불곰, 늑대, 큰뇌조를 비롯한 여러 동물이 살고 있으며, 기록에 따르면 조류 126종 중 70여 종이 이곳을 번식지로 삼는다고 합니다.

▲ 플리트비체 호수 국립공원의 가을 단풍

▼ 플리트비체 호수 국립공원의 겨울 풍경

1. 유라시아불곰(Eurasian brown bear) 불곰(Brown bear)의 가장 흔한 아종 중 하나이며, 유라시아 대부분 지역에서 발견됩니다. '유럽불곰', '유럽곰'이라고도 해요. 수컷의 몸무게는 350~500킬로그램이며, 암컷보다 수컷이 더 큽니다.

2. 호수에서 노니는 송어

3. 큰뇌조(Western capercaillie) 수컷(왼쪽)과 암컷 수컷이 암컷보다 훨씬 커서 암수 차이가 뚜렷합니다. 수컷 큰뇌조는 눈 위에 붉은색 맨살이 드러나 있고 부리가 굽었으며, 부채처럼 펼쳐진 꼬리깃이 특징이지요.

피닉스 제도 보호구역
Phoenix Islands Protected Area, PIPA
국가: 키리바시(Kiribati)
위치: 남태평양(South Pacific)
유산 면적: 40,825,000ha(서울의 약 675배) 등재 연도: 2010년
태평양
인도네시아
파푸아뉴기니
키리바시
피닉스 제도 보호구역
호주

다양한 산호를 품고 있는 바다

피닉스 제도 보호구역(PIPA)은 호주와 하와이 중간 지점인 중부 태평양에 자리한 섬나라 키리바시의 영토입니다. 세계 최대 규모의 해양 보호구역 중 하나이며, 육지와 바다를 통틀어서도 가장 큰 보호구역이라 할 수 있습니다. 세계에서 가장 큰 규모의 온전한 해양 생태계가 보존되어 있으며, 더 이상 활동하지 않는 사화산으로 추정되는 해저산 14곳과 그 밖의 심해 서식지를 포함합니다.

이 지역에는 산호 약 200종, 어류 500종, 해양 포유류 18종, 조류 44종을 포함하여 약 800종의 동물이 살고 있습니다. 또한 다른 곳에서는 거의 찾아보기 힘들 만큼 개체 수가 풍부한 녹색혹비늘돔, 나폴레옹피시, 대왕조개가 있으며, 고립된 산호섬에는 바닷새들이 빽빽하게 모여 있는 장관을 볼 수 있습니다.

이러한 장관들이 어우러진 이곳의 변화무쌍한 자연은 세계적으로 빼어난 아름다움을 간직한 '바다 절경'을 완성한답니다.

▲ 녹색혹머리앵무고기(Green humphead parrotfish) 입 모양이 앵무새의 부리처럼 생긴 앵무고기 중에서 가장 큰 종으로, 몸길이 1.5미터, 몸무게는 최대 75킬로그램까지 자란다고 합니다. 어린 개체는 몸이 칙칙한 회색에 흰색 점들이 흩어져 있다가 차츰 짙은 녹색으로 고르게 바뀝니다. 성장이 더디고 수명은 최대 40년이라서 개체수가 빠르게 늘어나지 않아요. 바닷말과 산호를 주로 먹으며, 쉽게 먹이 활동을 하려고 산호에 머리를 박고 있다고도 합니다. 멸종위기 취약 단계

▼ 나폴레옹피시(Napolean wrasse) 툭 튀어나온 이마가 나폴레옹의 모자를 닮아 붙인 이름입니다. 아홉 살이 되면 암컷에서 수컷으로 바뀝니다. '혹머리쥐치'라고도 하며, 쥐치 종류 중에서 가장 큰 물고기입니다. 수컷이 암컷보다 크며, 평균 몸길이는 1미터라고 해요. 멸종위기 위기 단계

1. 대왕조개(Giant clam) 보통 때는 입을 벌리고 먹잇감을 찾지만 위험을 느끼면 입을 꾹 다뭅니다. 입을 닫으면 사람도 빠져나올 수가 없어 사람 잡는 조개라는 뜻으로 '식인조개'라고도 하지요. 멸종위기 위급 단계

2. 갈색얼가니새(Brown Booby) 큰 바닷새이며 가장 흔한 바닷새에 속합니다. 몸길이는 65~70센티미터이며, 성체는 머리, 목, 가슴이 짙은 갈색, 배는 흰색을 띠어 경계가 뚜렷해요. 어린 새는 전체적으로 갈색을 띱니다.

3. 파비테스 펜타고나(*Favites pentagona*) 돌산호의 한 종으로 '큰별산호'라고도 합니다. 각각 산호의 지름은 6밀리미터 미만이지만 산호 덩어리(군체)는 지름이 1미터가 넘기도 해요.

하롱베이 Ha Long Bay

국가: 베트남(Viet Nam)
위치: 꽝닌성(Quang Ninh Province)
유산 면적: 65,650ha(서울의 약 1.08배) **등재 연도:** 1994년(2000년, 2023년 경계 수정)

깟바섬(Cat Ba islands) 주변의 수상 마을 깟바섬은 367개의 섬으로 이루어진 깟바 군도 중에서 가장 큰 섬입니다. 깟바 군도는 하롱베이 남동쪽 끝자락에 있으며, 험준한 지형을 간직하고 있습니다.

하롱베이는 베트남 북동부에 자리 잡은 작은 만(베이, bay)입니다. '하롱'은 '내려오는 용'이라는 뜻으로 수많은 석회암 카르스트, 형태와 크기가 다양한 작은 섬 1,969곳을 포함합니다. 하롱베이의 지형은 물에 잠긴 카르스트 경관으로 유명하며, 이 석회암 카르스트 지형은 수백만 년에 걸쳐 바닷물이 드나들기를 거듭하여 이루어졌습니다.

이 지역 환경의 지리적 다양성에 따라 열대 상록수 생물계와 해안 생물계를 포함한 생물 다양성이 이루어졌습니다. 하롱베이에는 고유 식물종 14종과 고유 동물종 60종이 살고 있습니다.

하롱베이의 석회암은 침식작용으로 원뿔 모양의 봉우리가 밀집한 펭콩(fengcong)과 고립된 탑 모양의 펭린(fenglin)이라는 카르스트 지형으로 발달했고, 그 후 바닷물이 드나들면서 그 모양이 바뀌었습니다. 작은 섬들은 높이가 50미터에서 100미터 사이의 펭린 카르스트 탑입니다. 이 섬들은 사방이 수직으로 솟아 있으며, 바위와 커다란 부분들이 떨어져 나가면서 끊임없이 섬의 모양이 바뀌고 있습니다.

하롱베이의 두드러진 특징은 큰 석회암 섬 안에 호수가 많다는 점입니다. 대규모의 다양한 석회암 동굴은 하롱베이의 또 다른 멋진 경관으로 꼽힙니다. 이 지역은 복합적 환경에서 카르스트가 형성되는 과정과 지리·기후학적 역사에 대한 이해를 돕는 독특하면서도 광범위한 자료를 지니고 있습니다.

1. 하롱베이의 풍경
2. 입맞춤 바위(Kiss rock)
3. 잔잔한 바다와 석회암 바위

▲ 하롱베이에서 넓은 동굴로 손꼽히는 보혼섬(Bo Hon Islanc)의 승솟(Sung Sot)

▼ 카약을 타고 동굴을 둘러보는 관광객들

하미구이탄산 야생생물 보호구역
Mount Hamiguitan Range Wildlife Sanctuary
국가: 필리핀(Philippines)
위치: 다바오 오리엔탈주(Davao Oriental Province)
유산 면적: 16,923.07ha(서울의 7/25) 등재 연도: 2014년
중국
태평양
베트남
미얀마
라오스
태국
캄보디아
필리핀
하미구이탄산
야생생물 보호구역
말레이시아
인도네시아
호주

하미구이탄산의 해질 녘 풍경

필리핀에서 루손섬(Luzon island) 다음으로 큰 민다나오섬[Mindanao island, 우리나라(남한) 면적과 비슷하다고 해요]의 남동부에 있는 푸자다반도(Pujada peninsula)를 따라 남북으로 길게 뻗은 능선에 자리하고 있습니다. 이곳은 해발 75~1,637미터에 있으며, 다양한 동식물종이 살고 있는 매우 중요한 서식지입니다.

이 유산은 다양한 고도에서 발달한 육상 생물과 수중 생물 서식지를 모두 갖추고 있으며, 멸종위기종과 고유종인 동식물들이 살아가고 있습니다. 그 가운데 8종은 오직 하미구이탄산에서만 발견되며, 매우 심각한 멸종위기에 놓인 식물과 하미구이탄산의 상징적인 동물인 필리핀수리와 필리핀코카투가 포함됩니다.

이처럼 하미구이탄산 야생동물 보호구역은 필리핀의 중요한 생물지리학적 지역으로 매우 다양한 산악 생태계를 대표합니다. 이곳의 다양한 동식물에는 전 세계적으로 멸종위기에 놓인 종뿐만 아니라 필리핀, 민다나오 그리고 유산 지역에만 서식하는 종을 비롯한 수많은 고유종이 포함됩니다. 부분적으로 고립된 환경 그리고 서로 다른 토양과 기후 조건에서 발달한 다양한 서식지 덕분에 이곳의 생물 다양성은 매우 높은 고유성을 나타냅니다. 과학자들은 앞으로 이 지역에서 더 많은 새로운 고유종이 발견될 것으로 예상한답니다.

◀ 필리핀수리(Philippine eagle) 필리핀 고유종으로 '원숭이를 먹는 독수리' 또는 '위대한 필리핀 독수리'라고도 합니다. 현재 독수리 중에서 가장 크다고 하며, 필리핀의 나라 새로 지정되어 있습니다. 필리핀수리를 죽이면 필리핀 법에 따라 최고 징역 12년과 무거운 벌금형을 받는다고 하네요. 멸종위기 위급 단계

▼ 필리핀코카투(Philippine cockatoo 또는 Red-vented cockatoo) 필리핀 고유종 앵무새로 꼬리 부분의 붉은색 깃털이 특징입니다. 예전에는 필리핀 전 지역에서 보였지만 불법 야생동물 거래로 현재 대부분 지역에서 멸종되었습니다. 멸종위기 위급 단계

1 2
3

1. 벌레잡이통풀(*Nepenthes hamiguitanensis*) 필리핀 민다나오섬 해발 1,200~1,600미터에서 자랍니다. 이 종을 비롯한 여러 종의 벌레잡이통풀이 자라고 있습니다.

2. 난쟁이숲(Dwarf forest) '엘프숲' 또는 '피그미숲'이라고도 하며, 설치류나 도마뱀처럼 작은 동물이 사는 작은 나무들이 특징인 흔치 않은 생태계입니다. 이 숲은 대개 높은 고도에 자리하고 있으며 공기와 습도는 충분하지만 토양은 척박합니다. 세계에서 가장 넓은 난쟁이숲이라고 하지요.

3. 민다나오빨간가슴털비둘기(Mindanao bleeding-heart) 필리핀 고유종이며 가슴에 붉은 점이 있어 붙인 이름입니다. 대부분의 시간을 숲 바닥에서 보내고, 겁에 질리거나 둥지를 틀거나 쉴 때만 나무에 앉습니다. 멸종위기 취약 단계

하와이 화산 국립공원

Hawaii Volcanoes National Park

국가: 미국(United States of America)
위치: 하와이(Hawaii)
유산 면적: 87,940ha(서울의 약 1.45배) **등재 연도:** 1987년

숨 막힐 듯이 아름다운 마우나로아산 풍경

하와이섬에 자리한 미국의 국립공원으로, 세계에서 가장 활동적인 화산 중 하나인 킬라우에아(Kilauea, 높이 1,250미터)와 세계 최대 규모의 순상화산(shield volcano, 경사면이 완만하고 밑바닥 면적이 넓은 화산)인 마우나로아(Mauna Loa, 높이 4,179미터) 활화산을 포함하고 있습니다.

이곳은 화산 폭발로 경관이 끊임없이 변하며, 흘러내리는 용암으로 놀라운 지질학적 형상이 만들어지는 역동적인 곳입니다. 커다란 양치류가 자라는 숲뿐만 아니라 희귀한 조류와 고유종이 많이 발견됩니다.

이 유산은 지금도 진행되고 있는 화산작용으로 섬이 형성되고 있는 독특한 사례이며, 하와이 여러 섬의 지질학적 기원과 변화 과정이 최근에도 활발히 진행되고 있음을 보여 줍니다. 특히 마우나로아 화산은 해저에서 측량했을 때 지구상에서 가장 큰 화산 덩어리입니다.

1 1. 용암이 흘러내리는 킬라우에아 화산

2 2. 하와이 화산 국립공원의 용암동굴

3 3. 오히아 레후아('ōhi'a lehua, 학명 *Metrosideros polymorpha*) 적응력이 뛰어난 나무입니다. 좋은 환경에서는 20~25미터까지 자라고, 나쁜 환경에서는 훨씬 작은 엎드린 나무로 자랍니다. 꽃은 붉은색에서 노란색까지 화려합니다. 용암지대에서 잘 자라며, 화산활동으로 용암이 흐른 뒤 가장 먼저 자라는 식물이지요. '오히아'는 나무를 가리키며, 이름은 '레후아나무(lehua tree)'라는 뜻입니다. 멸종위기 취약 단계

1. 용암을 뿜어내는 활화산

2. 바다로 흘러드는 용암

3. 오래전에 흘러내려 굳은 용암에 양치류가 자라는 놀라운 풍경

4. 홀레이시아치(Holei Sea Arch) 킬라우에아 남쪽, 빅아일랜드(Big Island)의 남쪽 해안에 있는 높이 27미터의 자연 아치입니다. 현무암이며 바다의 침식작용으로 만들어졌습니다. 아치의 이름은 화산 경사면에 있는 절벽 이름에서 따왔다고 해요.

한국의 갯벌 Getbol, Korean Tidal Flats

국가: 대한민국(Republic of Korea)
위치: 서천, 고창, 신안, 보성–순천
유산 면적: 128,411ha(서울의 약 2.1배) **등재 연도:** 2021년

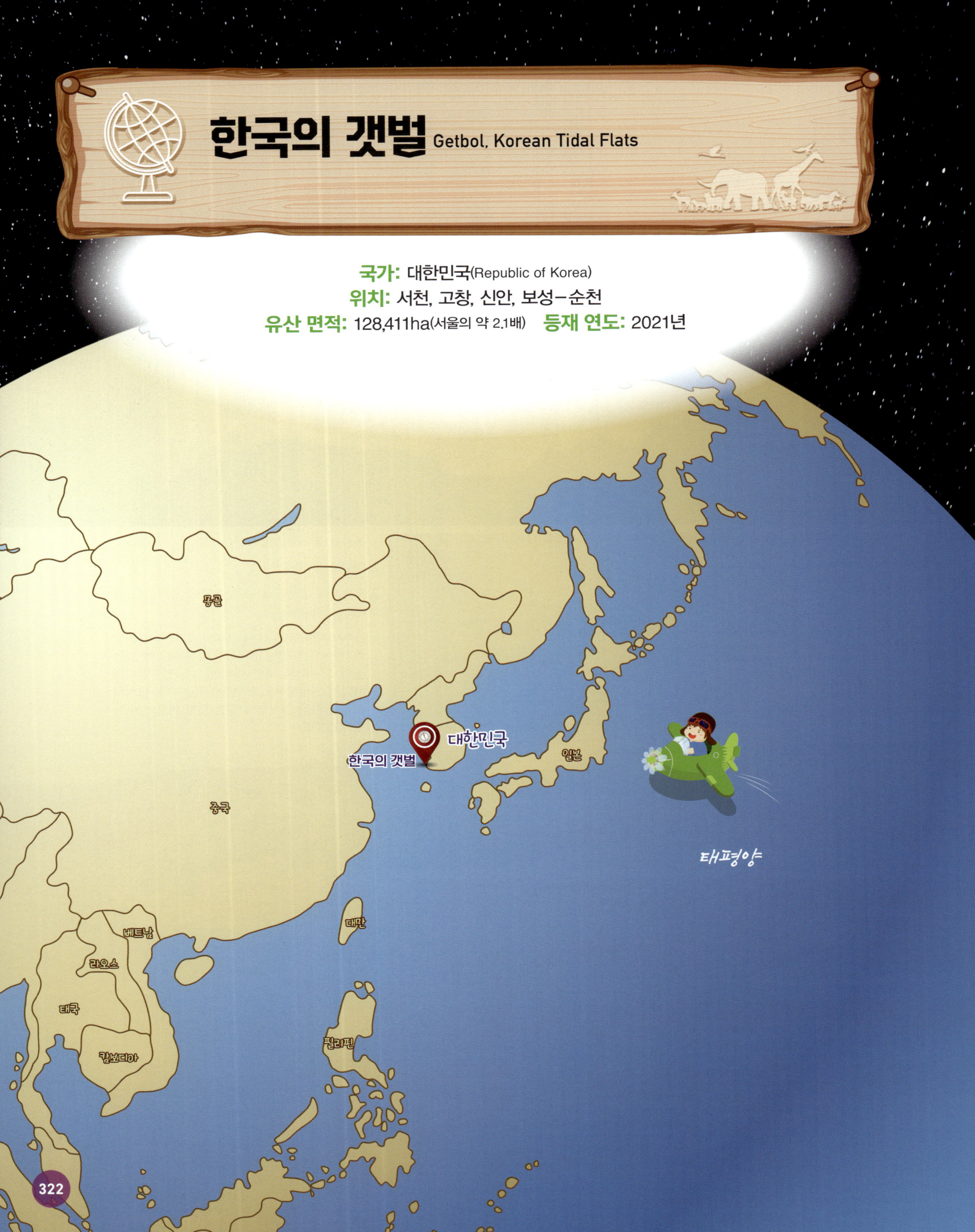

잠잘 곳을 찾아 해질 녘 순천만으로 모여드는 흑두루미(Hooded crane) 무리 흑두루미는 우리나라에서 겨울을 보내는 철새입니다. 각별한 사랑으로 새를 관찰해 온 김성호 선생님이 귀한 사진을 제공해주셨어요. 멸종위기 취약 단계

'한국의 갯벌'은 서천 갯벌(6,809헥타르, 충남 서천), 고창 갯벌(5,531헥타르, 전북 고창), 신안 갯벌(110,086헥타르, 전남 신안), 보성-순천 갯벌(5,985헥타르, 전남 보성·순천) 등 모두 네 곳의 연속 유산으로 5개 지자체에 걸쳐 있습니다.

습지 보호구역인 한국의 갯벌은 '생물 다양성의 보존을 위해 세계적으로 가장 중요하고 의미 있는 서식지' 가운데 하나이며, 특히 멸종위기 철새의 기착지로서 가치가 높아 '탁월한 보편적 가치'가 인정된다고 평가받았습니다.

이처럼 우리나라 갯벌은 동아시아 조류의 이동 경로 중 하나이자 시베리아와 알래스카까지, 그리고 남쪽으로는 오스트랄라시아(아시아의 남쪽이라는 뜻으로, 호주·뉴질랜드·뉴기니섬과 인근 태평양 섬들을 포함해요)까지 이동하는 철새들의 이동 경유지 역할을 하기도 합니다. 철새들은 먼 거리를 날기 위해 갯벌에 들러 먹이를 먹고 필요한 에너지를 비축하는데 해마다 300종의 약 100만 마리의 새가 갯벌을 찾는답니다.

또한 152종의 바닷말(해조류), 857종의 대형 저서동물을 포함하여 모두 2,169종의 무척추동물이 살아가고 있어 매우 높은 생물 다양성을 자랑하며, 한때 훼손되었던 염생식물이 번성하는 등 다양한 생명체가 발견됩니다. 섬에는 다양한 야생 동식물이 살고 있으며, 남해안 갯벌의 염전은 한국에서 가장 큰 염전 지대로, 엄청난 양의 소금을 생산합니다.

1. 순천만 전라남도 순천시 동천의 하구 지역에 자리 잡고 있습니다. 우리나라를 대표하는 남해안에 발달한 연안 습지이지요. 갈대밭과 칠면초 군락, S자형 물길 등이 어우러져 아름다운 해안 생태 경관이 펼쳐집니다.

2. 순천만의 짱뚱어(Great blue spotted mudskipper) 몸길이는 약 18센티미터입니다. 몸이 가늘고 길며, 뒤로 갈수록 점점 옆으로 납작해지고 몸에 푸른색 점들이 흩어져 있습니다. 경계나 경쟁할 때 등지느러미를 세웁니다.

3. 순천만의 농게(Fiddler crabs) 한쪽 집게발이 몸집만큼 무척 큰 것이 특징이에요. 커다란 집게발은 암컷에게 신호를 보내거나 경쟁자와 싸울 때 사용하고, 먹이를 먹을 때는 작은 집게발을 씁니다.

1. 신안 증도 갯벌

2. 칠면초가 보이는 신안 염전

3. 칠면초 갯벌에 자라는 풀로 20~50 센티미터까지 자랍니다. 처음에는 녹색이지만 차츰 붉은색으로 변합니다. 칠면조의 얼굴처럼 붉은색으로 변한다고 붙인 이름이지요.

4. 서천 갯벌의 저어새 서천 갯벌은 금강 하구에 닿아 있습니다. 겨울이면 수많은 철새가 찾아와 머무는 우리나라 3대 철새 도래지 중 하나예요.

2부
그리고
함께 기억해야 할
자연유산

가라호네이 국립공원 Garajonay National Park

국가: 스페인(Spain) **등재 연도:** 1986년

전체 면적의 약 70퍼센트가 월계수(Laurel) 숲으로 이루어져 있습니다. 오늘날 기후변화의 영향으로 남부 유럽에서는 거의 사라진 신생대의 제3기(Tertiary, 6,500만~200만 년 전)의 식생과 비슷한 식생이 발달하여 울창한 곳입니다.

가람바 국립공원 Garamba National Park

국가: 콩고민주공화국(Democratic Republic of the Congo)
등재 연도: 1980년(1996년 위험에 놓인 세계유산 등재)

광활한 사바나와 숲 지대가 펼쳐져 있습니다. 강을 따라 띠 모양으로 형성된 숲과 습지, 수생과 반(半)수생 식물이 무리 지어 자라는 곳과 울창한 숲에서부터 나무가 없는 초원에 이르기까지 다양한 형태의 사바나 지대입니다.

고프섬과 이낵세시블섬 Gough Island and Inaccessible Island

국가: 영국(United Kingdom of Great Britain and Northern Ireland)
등재 연도: 1995년(2004년 확장)

대서양 남쪽 바다 위로 우뚝 솟은 고프섬과 이낵세시블섬의 장엄한 절벽들에 가로막혀 외부에서 포유동물이 들어올 수 없어 세계에서 가장 큰 바닷새 무리의 서식지가 되었습니다.

곤드와나 열대우림 Gondwana Rainforests of Australia

국가: 호주(Australia) **등재 연도:** 1986년(1994년 확장)

세계에서 가장 크고 넓은 아열대우림 지역입니다. 세계적으로 중요한 두 희귀종인 앨버트금조(Albert's lyrebird)와 적갈색덤불새(Rufous scrub-bird)의 서식지가 있습니다.

과나카스테 보전지역 Area de Conservacion Guanacaste

국가: 코스타리카(Costa Rica) **등재 연도:** 1999년(2004년 확장)

이 유산은 육상과 해양-해안 환경에서 일어나는 중요한 생태 과정을 잘 보여 줍니다.

구눙물루 국립공원 Gunung Mulu National Park

국가: 말레이시아(Malaysia) **등재 연도:** 2000년

카르스트 지형이 발달하여 천연 동굴과 생물 다양성이 풍부한 열대우림 지역으로, 세계에서 가장 많이 동굴 탐험과 연구가 이루어졌습니다. 관다발식물 3,500여 종이 서식하는 17곳의 식물 지대를 포함합니다.

그레이트 스모키산맥 국립공원
Great Smoky Mountains National Park

국가: 미국(United States of America) **등재 연도:** 1983년

뛰어난 아름다움을 자랑하는 이 공원은 유럽 대륙 전체의 생물종과 맞먹는 130종의 나무를 비롯하여 3,500종이 넘는 식물의 서식지입니다. 세계에서 가장 많은 종류의 도롱뇽을 포함하여 멸종위기의 동물도 많이 발견됩니다.

그레이트 히말라야 국립공원 보존지역
Great Himalayan National Park Conservation Area

국가: 인도(India) **등재 연도:** 2014년

히말라야 생물 다양성 핵심 지역의 일부에 해당하며, 멸종위기에 놓인 곳도 있지만 풍부한 동물의 군집과 함께 25가지 숲의 모습을 간직하고 있습니다. 이 유산은 생물 다양성 보존의 관점에서 매우 중요합니다.

그로스 몬 국립공원 Gros Morne National Park

국가: 캐나다(Canada) **등재 연도:** 1987년

심해의 대양 지각과 지구의 **맨틀**(지구의 지각과 핵 사이에 있는 두꺼운 암석층으로 지구 부피의 약 83퍼센트를 차지)로 이루어진 바위가 드러난 곳으로 대륙 이동 과정을 보여 주는 희귀한 사례 중의 하나입니다.

나하니 국립공원 Nahanni National Park

국가: 캐나다(Canada) **등재 연도:** 1978년

이 유산은 북아메리카에서 매우 웅장하고 거친 강의 하나인 사우스 나하니강(South Nahanni river)을 따라 자리 잡은 북방림(북극의 **툰드라** 남쪽 지역에 있는 북부 지방의 숲)에서 살아가는 동물들의 서식지입니다.

난다 데비 국립공원과 꽃의 계곡 국립공원
Nanda Devi and Valley of Flowers National Parks

국가: 인도(India) **등재 연도:** 1988년(2005년 확장)

지역 고유의 고산식물이 자라는 초원과 빼어난 자연경관으로 유명합니다. 산악인들과 식물학자들은 100년 넘게, 힌두교 신화에서는 그보다 훨씬 더 오랫동안 찬사를 보낸 곳입니다.

노르웨이 서부 피오르-에이랑에르피오르와 네뢰위피오르
West Norwegian Fjords- Geirangerfjord and Nærøyfjord

국가: 노르웨이(Norway) **등재 연도:** 2005년

세계에서 가장 길고 가장 깊은 두 피오르는 피오르의 경관을 대표합니다. 규모와 수준에서 세계유산에 등재된 다른 피오르들과 견줄 만하고, 기후와 지질학적 배경에서 더욱 돋보입니다.

누벨칼레도니섬의 석호 : 다양한 산호초와 생태계
Lagoons of New Caledonia: Reef Diversity and Associated Ecosystems

국가: 프랑스(France) **등재 연도:** 2008년

이곳은 세계 3대 산호초 군락지에 속하며, 석호는 뛰어난 자연미를 자랑합니다. 세계에서 가장 다양한 산호초가 모여 있습니다.

뉴질랜드 남극 연안 섬 New Zealand Sub-Antarctic Islands

국가: 뉴질랜드(New Zealand) **등재 연도:** 1998년

생물 다양성, 야생동물의 개체군 밀도 그리고 조류와 식물, 무척추동물의 고유종 비율이 높습니다. 특히 이곳에 둥지를 틀고 먼 거리를 이동하는 바닷새와 펭귄의 종류와 수가 많고 다양한 것으로도 유명합니다.

니오콜로-코바 국립공원 Niokolo-Koba National Park

국가: 세네갈(Senegal)
등재 연도: 1981년(2007년 위험에 처한 세계유산 등재)

아프리카에서 가장 몸집이 큰 사자, 영양 중에서 가장 큰 일런드영양(Giant eland)이 있으며, 1,500종이 넘는 중요한 식물종과 더불어 풍부한 동물군의 서식지로 주목받고 있습니다.

님바산 엄정 자연보존지역
Mount Nimba Strict Nature Reserve

국가: 코트디부아르(Cote d'Ivoire), 기니(Guinea)
등재 연도: 1981년(1982년 확장, 1992년 위험에 처한 세계유산 등재)

풍부한 동식물이 서식하고 있으며, 암컷이 새끼를 낳는 님바프리노이드(*Nimbaphrynoides occidentalis*, 태생 두꺼비)와 돌을 도구로 사용하는 침팬지 같은 고유종이 살고 있습니다.

다리엔 국립공원 Darien National Park

국가: 파나마(Panama) **등재 연도:** 1981년

남북 아메리카의 두 대륙을 잇는 천연 다리인 이곳은 파나마의 모든 국립공원 중에서 가장 범위가 넓으며, 중앙아메리카에서도 매우 중요한 세계유산으로 손꼽힙니다.

다우리아/다구르/다우르스키 경관 Landscapes of Dauria

국가: 몽골(Mongolia), 러시아(Russian Federation)
등재 연도: 2017년

초지와 숲뿐 아니라 수많은 호수에 이르기까지 훼손되지 않은 대초원의 생태 지역입니다. 건기와 우기가 뚜렷하여 생물종 다양성과 생태계 다양성의 바탕이 되는 곳으로 지금도 계속 진행되는 생태 진화 과정을 보여 줍니다.

대지구대의 케냐 호수계
Kenya Lake System in the Great Rift Valley

국가: 케냐(Kenya) **등재 연도:** 2011년

자연환경이 수려한 이 유산은 호수 세 곳이 서로 연결되어 있으며, 다양한 조류의 서식지이자 대형 포유류의 생활 터전입니다. 생태 과정을 연구할 수 있는 중요한 지역입니다.

데셈바르코 델 그란마 국립공원
Desembarco de. Granma National Park

국가: 쿠바(Cuba) **등재 연도:** 1999년

융기된 해안단구(바닷물에 깎여 해수면 아래 지형이 솟구치거나 해수면이 내려앉으면서 현재의 해수면보다 높은 곳에 자리한 지형)와 카르스트 지형의 지질학적·지형학적 특징을 잘 간직한 곳으로, 현재 진행 중인 지질작용은 전 세계적으로 중요한 의미를 지닙니다.

도냐나 국립공원 Doñana National Park

국가: 스페인(Spain) **등재 연도:** 1994년(2005년 확장)

대서양과 연결된 과달키비르(Guadalquivir)강 오른쪽 연안에 자리 잡은 이 공원은 석호, 습지, 고정되어 있거나 이동하는 모래언덕, 삼림지대, 관목 지대 등 다양한 서식 환경으로 유명합니다. 또한 멸종이 우려되는 5종의 조류와 함께 지중해 지역에서 가장 많은 왜가리가 서식하는 곳입니다.

도냐나 국립공원의 장다리물떼새(Black-winged Stilt)

도싯과 동부 데번 해안의 천연 석회암 아치인 더들 도어(Durdle Door)

도싯과 동부 데번 해안Dorset and East Devon Coast

국가: 영국(United Kingdom of Great Britain and Northern Ireland)
등재 연도: 2001년

이 자연유산은 해안 155킬로미터를 따라 8개의 구역으로 나뉘어 있으며, 지질학적·고생물학적·지형학적 특징이 훌륭하게 조화를 이룬 곳입니다. 지구과학을 공부하려는 학생들에게 중요한 장소라고 할 수 있습니다.

돌로미티산맥The Dolomites

국가: 이탈리아(Italy) **등재 연도:** 2009년

알프스산맥의 일부로 북부 이탈리아에 자리한 이 산맥에는 높이 3,000미터가 넘는 봉우리가 18개 있고, 가파른 수직 절벽과 폭이 좁고 깊은 계곡이 길게 형성되어 세계에서 가장 아름다운 산악경관을 자랑합니다.

동(東)렌넬East Rennell

국가: 솔로몬제도(Solomon Islands) **등재 연도:** 1998년

해수면 위로 솟아 있는 환초로는 세계에서 가장 큽니다. 환초 안쪽에 발달한 석호에는 울퉁불퉁한 석회암 섬이 여러 곳 있고 고유종의 동식물이 살아갑니다. 태풍이 잦은 이 지역은 강력한 기후 영향을 연구하는 것을 포함하여 과학 연구의 자연 실험실입니다.

동파야옌 카오야이 숲
Dong Phayayen-Khao Yai Forest Complex

국가: 태국(타이, Thailand) **등재 연도:** 2005년

드넓은 **열대림** 생태계를 보존하고 있는 이 유산은 세계적으로 멸종위기에 놓인 포유류, 조류, 파충류의 종이 보존되고 있어 매우 중요한 곳입니다.

두르미토르 국립공원Durmitor National Park

국가: 몬테네그로(Montenegro) **등재 연도:** 1980년(2005년 확장)

골짜기, 산, 고원의 지형학적 특성이 있으며, 해발 2,000미터 이상인 봉우리 50개가 우뚝 솟아 있습니다. 이 공원은 지리적 위치와 고도 범위에 따라 지중해와 고산대 기후의 영향을 받아 동식물종의 범위가 대단히 넓습니다.

드야 동물 보호지역Dja Faunal Reserve

국가: 카메룬(Cameroon) **등재 연도:** 1987년

아프리카 열대우림 중 가장 보존이 잘된 지역입니다. 전체 열대림 90퍼센트가 훼손되지 않고 자연 상태로 남아 있으며, 다양한 영장류로 특히 유명합니다. 포유류 107종과 멸종위기 위기 단계에 있는 회색앵무(African gray parrot) 등도 발견됩니다.

디스커버리 해안 대서양림 보호지역
Discovery Coast Atlantic Forest Reserves

국가: 브라질(Brazil) **등재 연도:** 1999년

생물 다양성이 세계에서 가장 풍부한 지역이며, 고유도가 매우 높은 독특한 자생종이 서식하고 있습니다. 이곳은 자생종 보존에서 중요할 뿐만 아니라 이들의 진화 과정을 관찰할 수 있어 과학적으로도 가치가 높습니다.

레나 필라스 자연공원Lena Pillars Nature Park

국가: 러시아 연방(Russian Federation) **등재 연도:** 2012년

캄브리아기(5억 4200만~4억 8830만 년 전, 고생대가 시작되는 시기)의 다양한 종의 화석이 풍부하며, 그중 일부는 독특한 종으로 밝혀졌습니다.

레비야히헤도 제도
Archipielago de Revillagigedo Revillagigedo Islands

국가: 멕시코(Mexico) **등재 연도:** 2016년

동태평양 수중 산맥의 일부로 해수면 위로 솟아오른 4개의 외딴 섬은 여러 야생동물의 매우 중요한 서식지이며, 특히 바닷새에게 중요한 곳입니다. 주변 해역에는 쥐가오리(Manta ray), 고래, 돌고래, 상어 등이 살아갑니다.

레위니옹섬의 피통, 시르크, 랑파르
Pitons, cirques and remparts of Reunion Island

국가: 프랑스(France) **등재 연도:** 2010년

식물종의 고유도가 매우 높은 식물 다양성의 세계적인 중심지입니다. 여러 가지 희귀한 삼림 유형을 비롯하여 마스카렌 제도(Mascarene Islands, 레위니옹섬이 포함된 제도)의 육상 생물 다양성 보존에 매우 중요한 자연 서식지가 포함되어 있습니다.

로드 하우 제도 Lord Howe Island Group

국가: 호주(Australia) **등재 연도:** 1982년

해저 화산활동으로 형성된 이곳에는 전 세계 남반구에서 가장 잘 보존된 산호초가 있습니다. 이는 홍적세(약 258만 년 전부터 1만 2000년 전까지 이어진 신생대 제4기의 마지막 시기)부터 오늘날까지 조성된 것으로, 좀 더 북쪽 난류 지대의 산호초와 상당히 다릅니다.

로렌츠 국립공원 Lorentz National Park

국가: 인도네시아(Indonesia) **등재 연도:** 1999년

동남아시아에서 가장 큰 보호구역이며, 세계에서 유일하게 드넓은 저지대 습지를 포함하여 만년설로 덮인 산꼭대기부터 열대 해양환경에 이르기까지 잘 보전된 곳입니다.

로스 글라시아레스 국립공원
Los Glaciares National Park

국가: 아르헨티나(Argentina) **등재 연도:** 1981년

우리말로 풀이하면 '빙하 공원'입니다. 우뚝 솟은 바위산들과 최대 길이 160킬로미터의 아르헨티노 호수(Lake Argentino)를 비롯해 수많은 빙하 호수가 있습니다. 남극을 제외한 가장 큰 얼음층이 있는 곳입니다.

로스 알레르세스 국립공원 Los Alerces National Park

국가: 아르헨티나(Argentina) **등재 연도:** 2017년

연속적인 빙하 작용으로 빙하 강과 호수 퇴적물, 빙하 계곡, 사슬 모양의 석호, 맑은 호수, U자형 계곡 등 다양하고 아름다운 지형적 특징을 자랑합니다. 거의 원시 상태의 숲이 남아 있어 수많은 고유종과 멸종위기에 놓인 동식물의 서식지입니다.

로스 카티오스 국립공원 Los Katios National Park

국가: 콜롬비아(Colombia) **등재 연도:** 1994년

중앙아메리카 지역에서만 자라는 전형적인 식물종이 많이 발견됩니다. 이곳에서 자생하는 다양한 식물종 가운데 20~25퍼센트가 고유종에 속하며, 멸종이 걱정되는 여러 동물도 살고 있습니다.

로페-오칸다 생태계와 잔존 문화 경관
Ecosystem and Relict Cultural Landscape of Lope-Okanda

국가: 가봉(Gabon) **등재 연도:** 2007년

울창하게 보존된 열대우림과 사바나 환경이 인접해 있는 독특한 유산으로, 멸종위기에 놓인 대형 포유류를 비롯하여 다양한 생물종과 서식지를 볼 수 있습니다.

루트사막 Lut Desert

국가: 이란(Iran) **등재 연도:** 2016년

지금도 계속 지질작용이 일어나고 있는 지형(거대한 물결 모양의 능선)으로 아주 특별한 곳입니다. 이 사막은 세계에서 25번째로 넓고, 모래 표면은 섭씨 70도로 높아 세계에서 가장 건조하고 더운 곳 중 하나입니다.

르웬조리 산지 국립공원
Rwenzori Mourtains National Park

국가: 우간다(Uganda) **등재 연도:** 1994년

이곳의 빙하, 폭포, 호수가 이루는 경치는 아프리카 고산지대에서 가장 아름다운 풍경으로 손꼽힙니다. 멸종위기의 동물과 진귀한 식굴의 자연 서식지입니다.

리오 플라타노강 생물권보전지역
Rio Platano Biosphere Reserve)

국가: 온두라스(Honduras)
등재 연도: 1982년(2011년 위험에 처한 세계유산 등재)

중앙아메리카에서 얼마 남지 않은 열대우림 중 하나로, 풍부하고 다양한 야생 동식물이 서식하고 있습니다. 카리브해 연안으로 이어지는 내륙 산악지대에는 2,000여 명의 원주민이 그들의 전통 생활방식을 유지하며 살고 있습니다.

마노보 군다 세인트 플로리스 국립공원
Manovo-Gounda St. Floris National Park

국가: 중앙아프리카공화국(Central African Republic)
등재 연도: 1988년(1997년 위험에 처한 세계문화유산 등재)

광활한 사바나 지대에는 검은코뿔소, 코끼리, 하마, 사자, 치타, 표범, 들개 등 많은 동물이 살고 있으며, 북부 범람원에서는 다양한 종류의 물새를 만날 수 있습니다.

마누 국립공원 Manu National Park

국가: 페루(Peru) **등재 연도:** 1987년(2009년 약간 수정)

해발 150미터에서 4,200미터에 이르는 여러 층의 식물군락이 연속해서 발달했으며, 저지대의 열대우림은 그 어느 곳과도 비교할 수 없을 만큼 다양한 동식물이 서식합니다.

메셀 화석 유적 Messel Pit Fossil Site

국가: 독일(Germany) **등재 연도:** 1995년(2010년 수정)

보존 상태가 뛰어난 화석은 포유동물 진화의 초기 단계에 관한 정보를 보여 줍니다. 뿐만 아니라 조류, 파충류, 어류, 곤충류와 식물 화석도 모두 특별한 화석군에 한몫합니다. 이곳은 세계에서 매우 중요한 화석 유적지 네 곳 중 한 곳이라고 합니다.

모나크나비 생물권보전지역
Monarch Butterfly Biosphere Reserve

국가: 멕시코(Mexico) **등재 연도:** 2008년

해마다 가을이면 나비들이 월동 장소인 이곳으로 어떻게 돌아오는지, 그 수수께끼는 아직도 풀리지 않았답니다. 이곳에서 겨울을 보내려고 모여드는 수백만 마리의 모나크나비는 곤충 이동의 가장 극적인 모습을 보여 줍니다.

모르네 트루아 피통 국립공원 Morne Trois Pitons National Park

국가: 도미니카공화국(Dominican Republic) **등재 연도:** 1997년

화산활동이 많은 지역이며, 울창한 자연 열대림과 아름다운 화산지형이 조화를 이룬 곳으로 유명하며, 과학적으로도 매우 중요한 가치를 지닌 곳입니다.

몬테 산 조르조 Monte San Giorgio

국가: 이탈리아(Italy), 스위스(Switzerland)
등재 연도: 2003년(2010년 확장)

세계에서 유일하게 2억 4500만~2억 3000만 년 전의 트라이아스기(Triassic Period)의 해양생물 화석이 잘 보존되어 있습니다. 또한 파충류, 곤충류, 식물의 육지 화석도 포함되어 있어 화석 자원이 매우 풍부합니다. 몬테는 '산'을 뜻합니다.

미과샤 공원 Miguasha National Park

국가: 캐나다(Canada) **등재 연도:** 1999년

'어류 시대'로 알려진 데본기(Devonian Period)의 모습을 보여 주는 세계에서 가장 뛰어난 표본으로 손꼽힙니다. 지느러미를 다리처럼 사용하는 엽상지느러미(뼈와 근육이 있는 두꺼운 지느러미로 몸통과 연결)가 있는 어류의 화석 표본이 가장 훌륭한 상태로 많이 발견되었다는 점에서 매우 중요한 곳입니다.

미스테이큰 포인트 Mistaken Point

국가: 캐나다(Canada) **등재 연도:** 2016년

에디아카라기(Ediacaran Period, 5억 8천만~5억 6천만 년 전)부터 형성된 거대 생물 화석군이 있습니다. 이 화석들은 미생물이 지배했던 약 30억 년이 지난 뒤 '생물학적으로 복잡한 거대 유기체'의 출현을 입증하는 지구 생명의 역사에서 매우 중요한 시기에 관한 기록을 담고 있습니다.

바버튼 마콘좌산맥 Barberton Makhonjwa Mountains

국가: 남아프리카공화국(Republic of South Africa)
등재 연도: 2018년

초기 지구에서 가장 오래되고(36억~32억 5천만 년 전), 가장 다양하고, 가장 잘 보존된 화산암과 퇴적암이 분포하는 곳입니다. 지표면 상태, 운석 충돌, 화산활동, 대륙 형성 과정, 초기 생명 환경에 관한 다양한 정보를 제공합니다.

방다르갱 국립공원 Banc d'Arguin National Park

국가: 모리타니(Mauritania) **등재 연도:** 1989년

척박한 사막 환경과 다양한 생물종이 서식하는 해양 지대가 뚜렷한 대비를 이루고 있습니다. 그 결과 뛰어난 자연적 가치를 지닌 육지와 해양경관을 자랑합니다.

브라질 대서양 제도: 페르난두 데 노로냐와 아톨 다스 로카스 보호지역 Brazilian Atlantic Islands: Fernando de Noronha and Atol das Rocas Reserves

국가: 브라질(Brazil) **등재 연도:** 2001년

남대서양 섬 전체 면적의 상당 부분을 차지하며, 수산자원이 풍부해 참치, 상어, 거북, 해양 포유류의 번식과 먹이 공급에서 아주 중요합니다. 유산 지역의 이 섬들에는 서대서양 열대 바닷새가 가장 많이 살아갑니다.

브레드포트 돔 Vredefort Dome

국가: 남아프리카공화국(Republic of South Africa)
등재 연도: 2005년

20억 2300만 년 전으로 거슬러 올라가는 브레드포트 돔은 현재까지 지구에서 발견된 운석공(운석 구덩이) 중에 가장 역사가 오래되었습니다. 현재 남아 있는 중앙 융기부의 지름이 약 90~120킬로미터로 규모 또한 가장 크고 가장 깊이 파였습니다. 지구의 지질학 역사에 관한 결정적인 증거를 보여 주며, 행성의 진화를 연구하는 데에도 매우 중요한 곳입니다.

블루마운틴 산악지대 Greater Blue Mountains Area

국가: 호주(Australia) **등재 연도:** 2000년

호주 대륙에서 고립된 유칼립투스(Eucalyptus)의 진화적 적응과 다양성을 대표하는 지역으로 유명합니다. 이곳에는 유칼립투스 무리에 속하는 91종의 나무가 있습니다.

비룽가 국립공원 Virunga National Park

국가: 콩고민주공화국(Democratic Republic of the Congo)
등재 연도: 1979년(1994년 위험에 처한 세계유산 등재)

화산 비탈의 용암 평원에서 열대초원(사바나)에 이르기까지 다양한 서식지가 단계적으로 펼쳐져 있습니다. 이곳에는 산고릴라가 서식하며, 국립공원 하천에는 약 2만 마리의 하마가 서식합니다. 그리고 시베리아에서 온 철새 떼가 이곳에서 겨울을 나기도 합니다.

비아워비에자 삼림지대 Bialowieza Forest

국가: 벨라루스(Belarus), 폴란드(Poland)
등재 연도: 1979년(1992년, 2014년 확장)

폴란드와 벨라루스 국경에 자리한 침엽수와 활엽수가 섞인 광활한 원시림으로 중부 유럽의 육상 숲 생태계의 전형을 보여 줍니다. 드넓은 자연 그대로의 이곳은 자연 보존 가치에서 매우 중요합니다.

살롱가 국립공원 Salonga National Park

국가: 콩고민주공화국(Democratic Republic of the Congo)
등재 연도: 1984년(1999년 위험에 처한 세계유산 등재)

아프리카에서 가장 규모가 큰 열대우림 보존구역으로, 콩고강 중류 유역 중심부에 자리하고 있습니다. 외부와 고립된 곳이라 물길을 통해서만 접근할 수 있는 이 국립공원은 보노보(Bonobo), 콩고공작(Congo peafowl) 등 수많은 고유 멸종위기종의 서식지입니다.

상가이 국립공원(Sangay National Park)의 퉁구라우아 화산

상가 트리내셔널 Sangha Trinational

국가: 카메룬(Cameroon), 중앙아프리카공화국(Central African Republic), 콩고(Congo) **등재 연도:** 2012년

세 나라가 만나는 콩고 분지 북서부인 이곳에서는 연속적인 대규모의 생태적 진화 과정을 볼 수 있으며, 멸종위기에 놓인 수많은 동물을 포함해 뛰어난 생물 다양성을 지니고 있습니다.

상가넵 해상국립공원과 동고넵만-무카와르섬 해상국립공원 Sanganeb Marine National Park and Dungonab Bay - Mukkawar Island Marine National Park

국가: 수단(Sudan) **등재 연도:** 2016년

산호초, **맹그로브**, 해변, 작은 섬 등으로 이루어진 이 유산은 매우 다양한 해양 생태계가 발달되어 있습니다. 이곳에는 바닷새, 해양 포유류, 어류, 상어, 거북, 쥐가오리 등 다양한 동물이 서식하고 있으며, 특히 상당수의 듀공이 서식하고 있어 전 세계적으로 의미 있는 해양 생태계를 보여 줍니다.

상가이국립공원 Sangay National Park

국가: 에콰도르(Ecuador) **등재 연도:** 1983년

여전히 활동하는 활화산 상가이와 퉁구라우아 화산과 더불어 빼어난 자연경관으로 특히 유명합니다. 이 국립공원은 열대우림에서 빙하 지대까지 모든 생태계를 볼 수 있으며, 안데스산맥 북부에서만 살아가는 안경곰(Spectacled bear)과 멸종위기에 놓인 많은 종에게 중요한 자연 서식지입니다.

소코트라 군도 Socotra Archipelago

국가: 예멘(Yemen) **등재 연도:** 2008년

이곳에 서식하는 육지와 해양생물은 생물 다양성과 고유성의 수준이 높아 생물 다양성 보전 면에서 세계적으로 중요한 곳입니다. 특히 파충류 가운데 90퍼센트, 달팽이 종 가운데 95퍼센트, 식물 825종 가운데 307종(37%)이 세계 어느 지역에서도 발견되지 않는 이 지역 고유종입니다.

쉬르트세이 Surtsey

국가: 아이슬란드(Iceland) **등재 연도:** 2008년

1963년에서 1967년까지의 화산 폭발로 생긴 새로운 섬입니다. 섬이 생긴 이후부터 보호해 왔기에 자연 그대로의 천연 실험실이라고 할 수 있습니다. 인간의 간섭이 없기에 새로 생긴 땅에 동식물이 어떻게 정착하는지 중요한 정보를 얻을 수 있는 곳입니다.

슈코치안 동굴 Skocjan(Škocjan) Caves

국가: 슬로베니아(Slovenia) **등재 연도:** 1986년

세계에서 가장 큰 지하 강(subterranean river 또는 underground river) 협곡 중 하나로 손꼽히는 뛰어난 석회암 동굴 체계가 보존되어 있으며, 카르스트 현상 연구와 관련하여 세계에서 가장 유명한 장소입니다. 유산 지역은 지하 호수 몇몇 곳과 작은 폭포 5개가 있는 마호르치체바(Mahorcic) 동굴을 포함하고 있습니다.

스리랑카의 센트럴 하이랜드 Central Highlands of Sri Lanka

국가: 스리랑카(Sri Lanka) **등재 연도:** 2010년

최고의 생물 다양성 집중지역으로 평가받는 곳으로 세 보호 구역으로 이루어졌습니다. 전체 408종의 척추동물이 서식하고 있으며, 그 가운데 피크 야생 보호지역에는 민물어류의 83퍼센트, 양서류의 81퍼센트가 고유종이고, 호턴 평원에는 양서류의 91퍼센트, 파충류의 89퍼센트가 고유종이며, 너클스 보전림에는 양서류의 64퍼센트, 파충류의 51퍼센트가 고유종이라고 합니다.

스위스 사르도나 지각 표층 지역 Swiss Tectonic Arena Sardona

국가: 스위스(Switzerland) **등재 연도:** 2008년

대륙이 충돌하여 산악 지형이 만들어진 과정을 생생하게 보여 줍니다. 산악 지형의 구조와 생성 과정이 명확하게 나타나 있어 오래전부터 연구 대상이 되어 왔으며, 꾸준히 지질학 분야에 기여하고 있습니다.

스테운스 클린트 Stevns Klint

국가: 덴마크(Denmark) **등재 연도:** 2014년

다량의 화석이 지층을 이루고 있는 길이 15킬로미터의 해안 절벽은 약 6500만 년 전인 백악기 말기에 지구에 운석 칙술루브(Chicxulub)가 충돌한 매우 중요한 증거를 보여 줍니다. 이 충돌로 지구 탄생 이래 최대 규모의 멸종 사태가 발생했고, 지구상의 생명체 중 50퍼센트가 사라진 것으로 과학자들은 추정하고 있습니다.

시라카미 산지 Shirakami-Sanchi

국가: 일본(Japan) **등재 연도:** 1993년

사람의 발길이 닿지 않은 자연보호구역으로 한때 일본 북부의 언덕과 산기슭을 뒤덮었던 너도밤나무(Siebold's beech) 숲의 마지막 원시림이 있습니다. 너도밤나무는 이 지역의 전형적인 수종으로, 수령이 8000년에서 1만 2000년입니다.

시레토코 Shiretoko

국가: 일본(Japan) **등재 연도:** 2005년

이 유산은 북반구의 가장 낮은 위도에서의 계절적 해빙(바닷물이 얼어서 생긴 얼음)의 영향으로 생태계가 풍부할 뿐만 아니라 해양 생태계와 육상 생태계의 상호작용을 보여 주는 아주 훌륭한 예입니다.

시안 카안 생물권 보전지역 Sian Ka'an Biosphere Reserve

국가: 멕시코(Mexico) **등재 연도:** 1987년

이 지역은 보초가 가로지르는 넓은 해양 구역뿐만 아니라 열대우림, 맹그로브와 늪지를 포함합니다. 다양한 환경을 품고 있어 식물상이 매우 뛰어나고, 이 지역의 특징적인 육상 척추동물을 비롯하여 300종이 넘는 새들이 살고 있습니다.

시호테 알린 산맥 중부 지역 Central Sikhote-Alin

국가: 러시아(Russian Federation) **등재 연도:** 2001년

세계에서 가장 풍부하고 가장 독특한 **온대림**을 품고 있습니다. 남방계와 북방계 동물종이 함께 살아갑니다. 시베리아호랑이(Amur tiger)를 비롯한 멸종위기에 놓인 수많은 동물이 살아가는 터전입니다.

신장 톈산 Xinjiang Tianshan

국가: 중국(China) **등재 연도:** 2013년

이 유산의 지형과 생태계는 플라이오세(약 533만~258만 년 전까지의 지질시대. 따뜻했던 기후가 추워져 남극 대륙은 이 시기에 빙하로 완전히 뒤덮였으며, 북반구의 빙상 발달도 이 시대에 이미 시작되었음) 이후로 그대로 보존되었으며, 지금도 진행 중인 생물학적·생태학적 진화 과정을 확인할 수 있는 놀라운 사례에 해당합니다.

싼칭산 국립공원 Mount Sanqingshan National Park

국가: 중국(China) **등재 연도:** 2008년

인간이나 동물 형상의 환상적인 화강암 봉우리 48개와 화강암 기둥이 89개 있어 뛰어난 경관을 자랑합니다. 해발 1,817미터에 이르는 싼칭산의 절경은 독특한 기상 조건에 따라 주변 식물과 화강암이 만들어 낸 형상들이 어우러지면서 매력을 더합니다.

아그텔레크 카르스트·슬로바키아 카르스트 동굴군 Caves of Aggtelek Karst and Slovak Karst

국가: 헝가리(Hungary), 슬로바키아(Slovakia)
등재 연도: 1995년(2000년 확장, 2008년 수정)

현재까지 확인된 동굴이 712개 있습니다. 동굴이 밀집된 지역은 전형적인 온대 카르스트 지형으로, 이 동굴들은 열대와 빙하 기후가 결합된 매우 희귀한 사례를 보여 줍니다. 이에 따라 수천만 년에 걸친 지질학적 역사를 연구하는 데 좋은 자료가 됩니다.

아이르와 테네레 자연보존지역 Air and Tenere Natural Reserves

국가: 니제르(Niger)
등재 연도: 1991년(1992년 위험에 처한 세계유산 등재)

아프리카에서 가장 큰 보호지역이며, 그중 전체 유산 면적의 약 6분의 1은 엄정 보호구역(인간의 간섭을 최소화하고 엄격하게 관리되는 지역)으로 보호됩니다. 아름다운 경관을 자랑하는 이 보존지역에는 다양한 식물종과 야생동물이 살아갑니다.

알다브라 환초 Aldabra Atoll

국가: 세이셸(Seychelles) **등재 연도:** 1982년

이 유산은 석호를 에워싸고 있는 4개의 거대한 섬으로 이루어졌습니다. 인간의 손길이 닿지 않아 학문적으로 높은 관심을 끌고 있는 곳입니다. 세계에서 유일하게 파충류가 우세한 지역이며, 코끼리거북 약 15만 마리(갈라파고스 제도보다 많은 수)가 살고 있습니다.

알래스카·캐나다 국경의 산악 공원군
Kluane/ Wrangell-St Elias/ Glacier Bay/ Tatshenshini-Alsek

국가: 캐나다(Canada), 미국(United States of America)
등재 연도: 1979년(1992년, 1994년 확장)

캐나다와 미국 국경 양쪽에 펼쳐진 인상적인 빙하와 높은 산봉우리들로 이루어졌습니다. 극지방이 아닌 곳 가운데 세계에서 가장 큰 얼음 벌판(빙원)이 있습니다.

알타이 황금산맥 Golden Mountains of Altai

국가: 러시아(Russian Federation) **등재 연도:** 1998년

이 지역은 스텝(steppe)에서부터 산림-스텝, 혼합림, 아고산대 식생, 고산 식생에 이르기까지 중앙 시베리아의 고도에 따른 식생 분포를 가장 완벽하게 보여 줍니다. 북아시아에서 산악 지역의 많은 희귀종과 고유종을 포함한 식물종과 동물종의 근원을 간직한 생물 다양성의 중심지입니다.

에버글레이즈 국립공원 Everglades National Park

국가: 미국(United States of America)
등재 연도: 1979년(2010년 위험에 처한 세계유산에 재등재)

북아메리카 대륙에서 가장 넓은 아열대 환경 보존 지역이며, 온대와 아열대가 만나는 접점에 있는 이곳은 민물뿐만 아니라 민물과 바닷물이 만나 흐르는 곳(기수역)으로 매우 다양한 동식물이 살아가는 서식지입니다.

에트나산 Mount Etna

국가: 이탈리아(Italy) **등재 연도:** 2013년

유럽에서 가장 높은 활화산이자 세계에서 가장 활발한 원뿔 모양의 성층 화산입니다. 이 화산의 분출 역사는 50만 년 전으로 거슬러 올라가며, 최소 2,700년 동안의 활동이 기록되어 있습니다. 에트나산의 끊임없는 분출 활동은 화산학, 지구물리학과 지구과학 분야에 끊임없이 영향을 미치고 있습니다.

엘 비스카이노 고래 보호구역
Whale Sanctuary of El Vizcaino 또는 El Vizcaino Biosphere Reserve

국가: 멕시코(Mexico) **등재 연도:** 1993년

귀신고래, 물범, 캘리포니아바다사자(California sea lion), 북방코끼리바다표범(Northern elephant-seal), 대왕고래의 번식과 겨울나기에 중요한 곳입니다. 또한 멸종위기에 놓인 바다거북 4종의 보금자리이기도 합니다.

엘 피나카테 및 알타르 대사막 생물권 보전지역
El Pinacate y Gran Desierto de Altar Biosphere Reserve

국가: 멕시코(Mexico) **등재 연도:** 2013년

이 유산은 두 부분으로 뚜렷이 나뉘는 풍경을 이룹니다. 다양한 모래언덕과 최고 높이 650미터의 몇몇 메마른 화강암 덩어리가 특히 두드러집니다. 유산에는 고유종인 민물고기, 멕시코 소노라(Sonora)주 북서부와 미국 애리조나주 남서부에서만 발견되는 고유종 가지뿔영양을 비롯해 매우 독특하면서도 다양한 식물과 야생동물이 모여 삽니다.

오가사와라 제도 Ogasawara Islands

국가: 일본(Japan) **등재 연도:** 2011년

식물 고유종과 육상 달팽이류의 진화에서 현재 진행 중인 적응방산(같은 종류의 생물이 환경에 적응하여 여러 계통으로 분화하는 진화 현상)이라는 중요한 종 분화를 보여 줌으로써 진화 과정에 대한 귀중한 증거를 제공합니다. 이에 따라 '동양의 갈라파고스'라는 별명이 있습니다.

오스트레일리아 포유류 화석 유적(리버슬레이/ 나라쿠르테)
Australian Fossil Mammal Sites(Riversleigh/ Naracoorte)

국가: 오스트레일리아(Australia, 호주) **등재 연도:** 1994년

세계 10대 화석 유적지 중 하나로, 오스트레일리아(호주)의 독특한 동물상의 핵심적인 진화 단계가 잘 나타나 있습니다.

오카방고 델타 Okavango Delta

국가: 보츠와나(Botswana) **등재 연도:** 2014년

내륙에서 발달한 삼각주로 매우 희귀한 사례 중 하나입니다. 해마다 건기가 되면 오카방고강이 범람하는 특징에 따라 토착 동식물이 여기에 맞추어 적응해 살아가고 있습니다. 이런 현상은 기후, 생물학적 과정에서 상호작용을 보여 주는 매우 뛰어난 사례입니다. 전 세계적으로 심각한 멸종위기에 놓인 대형 포유류의 서식지로서의 가치를 지니기도 합니다.

오카피 야생동물 보호구역 Okapi Wildlife Reserve

국가: 콩고민주공화국(Democratic Republic of the Congo)
등재 연도: 1996년(1997년 위험에 처한 세계유산 등재)

독특하고 다양한 식물상을 포함하며, 현재 살아남은 오카피 개체군의 6분의 1에 해당하는 수가 이곳에서 살아갑니다. 이처럼 많은 고유종 또는 멸종위기에 놓인 동식물종의 안전한 피난처가 되어 주고 있습니다.

올림픽 국립공원 Olympic National Park

국가: 미국(United States of America) **등재 연도:** 1981년

빙하로 뒤덮인 산봉우리와 드넓은 고산 초원은 광활한 원시림으로 둘러싸여 있습니다. 특히 태평양 북서부 연안의 온대 우림은 자연 그대로 잘 보존된 가장 뛰어난 사례입니다. 올림픽 산맥에 흐르는 11개의 하천은 바다에 살다가 알을 낳으려고 강으로 돌아오는 물고기들이 살아가기에 가장 적합한 곳입니다.

와디 알 히탄 고래 계곡 Wadi Al-Hitan Whale Valley

국가: 이집트(Egypt) **등재 연도:** 2005년

고대에 살았던 고래의 귀중한 화석이 발견됩니다. 이 화석은 고래 진화 과정의 한 갈래, 즉 고래가 예전의 육지 동물에서 현재 해양 포유동물로 출현하기까지의 과정을 보여 줍니다. 이러한 진화 단계를 알 수 있는 이 유적은 세계에서 가장 중요한 곳으로 손꼽힙니다.

우브스 누르 분지Uvs Nuur Basin

국가: 몽골(Mongolia), 러시아(Russian Federation)
등재 연도: 2003년

이곳은 12군데 보호지역으로 이루어졌으며 생태계가 다양합니다. 스텝 생태계에는 다양한 조류가 살고 있으며, 사막은 희귀한 모래쥐(Gerbil), 날쥐(Jerboas), 얼룩족제비(Marbled polecat)의 보금자리입니다.

윈난성 싼장빙류 보호구
Three Parallel Rivers of Yunnan Protected Areas

국가: 중국(China) **등재 연도:** 2003년(2010년 수정)

싼장빙류 국립공원에 있는 보호구역으로, 아시아 3대 강인 양쯔강(揚子江, 양자강), 메콩강(九龍江, 구룡강), 누장(怒江, 노강)이 가파른 골짜기들을 지나 북에서 남으로 거의 평행을 이루며 흐릅니다. 이 지역은 중국 생물 다양성의 중심지로 세계의 온대 지역 중 생물 다양성이 매우 풍부한 곳 중의 하나입니다.

응앵가 호수Lakes of Ounianga

국가: 차드(Chad) **등재 연도:** 2012년

이 호수는 민물호수로 수질이 매우 좋아 수중 동물, 특히 어류가 많이 살고 있습니다. 사막지대에 자리한 매우 독특한 영구적 호수로서 놀라운 자연현상이며, 오늘날에도 충분히 연구할 가치가 있는 복잡한 수문학(水文學, Hydrology. 지구에서 벌어지는 물의 발생, 순환, 저장, 이동 및 분포를 다루는 학문) 체계를 보여 줍니다.

이츠케울 국립공원Ichkeul National Park

국가: 튀니지(Tunisia) **등재 연도:** 1980년

서식지가 매우 다양한 이곳에는 200종이 넘는 동물과 500종이 넘는 식물 등, 풍부하고 다양한 동식물군이 살고 있습니다. 이츠케울 호수는 한때 북아프리카를 가로지르던 호수들 중에서 마지막으로 남은 거대한 담수호입니다.

이치괄라스토/ 탈람파야 자연공원
Ischigualasto/ Talampaya Natural Parks

국가: 아르헨티나(Argentina) **등재 연도:** 2000년

이 유산은 육지 퇴적층들로 이루어져 있습니다. 퇴적층은 트라이아스기 전 기간(2억 4500만~2억 800만 년 전)에 강, 호수, 늪지에 퇴적물이 쌓여 생긴 것으로, 포유류와 공룡의 조상을 비롯해 광범위한 동식물 화석이 발견됩니다. 이 화석들은 세계에서 가장 완전한 트라이아스기 육지 화석이며, 아울러 그 시대의 자연환경뿐만 아니라 척추동물의 진화 정보를 보여 줍니다.

인도의 서고츠산맥Western Ghats

국가: 인도(India) **등재 연도:** 2012년

히말라야산맥보다 더 오래된 이 산맥은 독특한 생물물리학적 과정과 생태학적 과정에서 매우 중요한 지형적 특징을 보여 줍니다. 생물 다양성과 고유종의 수준이 매우 높으며, 전 세계적으로 생물 다양성이 뛰어난 8곳 중의 하나로 알려졌습니다.

조긴스 화석 절벽Joggins Fossil Cliffs

국가: 캐나다(Canada) **등재 연도:** 2008년

석탄기(石炭紀, 3억 5400만~2억 900만 년 전)에 퇴적되어 보존된 화석이 풍부해 '석탄기의 갈라파고스'라고 불립니다. 지구 역사에서 석탄기의 상징인 이 절벽의 바위들은 그 시대 육지 생활에 대한 가장 완벽한 화석 기록과 함께 펜실베이니아 지층(Pennsylvanian strata, 3억 1800만~3억 300만 년 전)에 대한 가장 풍부하고 폭넓은 기록을 간직한 것으로 보입니다.

이치괄라스토/ 탈람파야 자연공원의 카돈선인장(Cardon cactus)

주자이거우 계곡 경관 및 역사지구
Jiuzhaigou Valley Scenic and Historic Interest Area

국가: 중국(China) **등재 연도:** 1992년

주자이거우 계곡은 해발 4,800여 미터 높이로 다단계 폭포, 다채로운 호수, 눈 덮인 봉우리로 유명합니다. 다양한 삼림 생태계를 이루고 있는 이 지역은 특히 원뿔형의 좁은 카르스트 지형과 폭포가 장관을 이루고 있습니다.

주지 국립 조류 보호구역 Djoudj National Bird Sanctuary

국가: 세네갈(Senegal) **등재 연도:** 1981년

세네갈과 모리타니(Mauritania)의 국경지대와 가까운 세네갈강 삼각주 지대에 있으며 개울과 연못, 호수로 둘러싸인 커다란 습지입니다. 이 지역에는 붉은왜가리, 아프리카저어새, 가마우지 등 철새를 포함하여 350종, 약 150만 마리의 새가 살고 있습니다.

중국 남방 카르스트 South China Karst

국가: 중국(China) **등재 연도:** 2007년(2014년 확장)

습도가 높은 열대에서 아열대 지역에까지 이르는 드넓은 카르스트 지형이 발달한 이곳은 세계에서 가장 멋진 경관으로 손꼽힙니다. 이곳은 카르스트의 특징과 지형학적 다양성을 담고 있어 세계 최고의 사례로 인정받고 있습니다.

중앙 수리남 자연보전지역 Central Suriname Nature Reserve

국가: 수리남(Suriname) **등재 연도:** 2000년

보전 가치가 뛰어난 원시 상태의 생태계와 다양한 지형이 분포되어 있으며, 산지와 저지대에 펼쳐진 숲에는 다양한 종의 식물이 살고 있습니다. 또 400여 종의 조류를 포함하여 이 지역의 대표적인 동물들이 살아가고 있습니다.

청장 화석 유적 Chengjiang Fossil Site

국가: 중국(China) **등재 연도:** 2012년

청장(澄江, 징강)의 화석들은 무척추동물과 척추동물 등 다양한 유기체의 구조를 보여 주는 잘 보존된 생물상 유적입니다 초기 캄브리아기 해양 생태계의 가장 완벽한 기록이라 할 수 있는 이 화석 유적은 고생물학을 들여다볼 수 있는 창입니다.

치트완 국립공원 Chitwan National Park

국가: 네팔(Nepal) **등재 연도:** 1984년

히말라야산맥 기슭에 자리 잡은 네팔 최초의 국립공원으로 전체 지역의 60퍼센트를 차지하는 사라수(沙羅樹, sal) 숲이 군락을 이룹니다. 동식물 군락이 풍부한 이 공원은 벵골호랑이의 마지막 남은 서식처 가운데 한 곳입니다.

칭하이호실Qinghai Hoh Xil

국가: 중국(China) **등재 연도:** 2017년

세계에서 가장 크고 높은 고원인 칭장고원의 북동쪽 끝에 자리 잡고 있습니다. 이 고원의 고유종으로 멸종위기에 있는 티베트영양이 새끼를 낳는 곳이자 주요 이동 경로입니다. 혹독한 기후에도 야생 당나귀, 흰입술사슴, 갈색곰을 비롯해 중국에서 보호하는 230종 이상의 야생동물이 살고 있습니다.

카르파티아와 유럽의 기타 지역에 생육하는 고대 및 원시 너도밤나무 숲 Ancient and Primeval Beech Forests of the Carpathians and Other Regions of Europe

국가: 알바니아(Albania), 오스트리아(Austria), 벨기에(Belgium), 불가리아(Bulgaria), 크로아티아(Croatia), 독일(Germany), 이탈리아(Italy), 루마니아(Romania), 슬로바키아(Slovakia), 스페인(Spain), 우크라이나(Ukraine) 등 **등재 연도:** 2007년(2011년, 2017년 확장)

이곳은 유럽 18개국의 너도밤나무 숲을 포함하는 초국적 복합 자연유산입니다. 북반구에 널리 분포한 카르파티아 원시 너도밤나무 숲과 독일 고대 너도밤나무 숲은 생태의 중요성이 세계적으로 큰 의미가 있으며, 너도밤나무 속(屬)의 역사와 진화를 이해하는 데 필수적인 곳입니다.

카지랑가 국립공원 Kaziranga National Park

국가: 인도(India) **등재 연도:** 1985년

인도 동부에서 사람의 손길이 미치지 않은 마지막 지역 중 하나입니다. 세계에서 가장 큰 인도코뿔소의 서식지이며 호랑이와 코끼리, 표범, 곰을 비롯한 다양한 포유류와 수많은 조류의 서식지이기도 합니다.

카후지-비에가 국립공원 Kahuzi-Biega National Park

국가: 콩고민주공화국(Democratic Republic of the Congo)
등재 연도: 1980년

다양하고 풍부한 동물이 사는 광활한 원시 열대우림 지역입니다. 동부르랜드고릴라(Eastern lowland gorilla) 집단 중 한 무리가 살고 있습니다. 이 공원은 동부로랜드고릴라를 보호하기 위해 설립되었습니다.

칼즈배드 동굴 국립공원 Carlsbad Caverns National Park

국가: 미국(United States of America) **등재 연도:** 1995년

이곳의 100곳이 넘는 석회암 동굴은 크기와 생성 방식 그리고 내부의 풍부하고 다양한 동굴 생성물의 아름다움으로 유명합니다. 특히 레추길라(Lechuguilla) 동굴은 현재도 지질작용이 계속 진행되면서 희귀하고 독특한 동굴 생성물을 형성하고 있습니다.

캅카스 서부 지역 Western Caucasus

국가: 러시아(Russian Federation) **등재 연도:** 1999년

영어로는 '코카서스'라고 하며, 이곳은 인간의 영향이 미치지 않은 몇 안 되는 큰 산맥 가운데 하나입니다. 저지대에서부터 아고산대 지역까지 펼쳐진 광활한 산림지대는 유럽에서 흔치 않습니다. 중요한 고유종 식물과 야생동물을 포함하여 생태계가 매우 다양합니다.

캐나다 로키산맥 공원Canadian Rocky Mountain Parks

국가: 캐나다(Canada) **등재 연도:** 1984년(1990년 확장)

빼어난 자연경관을 자랑하는 이곳은 세계에서 가장 중요한 화석 지역 중 하나입니다. 5억 4000만 년 전 생명체의 급속한 발달 직후에 이루어진 버제스 셰일 화석은 오늘날 알려진 생명체 대부분의 역사와 초기 진화에 관한 결정적인 증거를 제공할 뿐만 아니라, 당시 어떤 암석보다 바다 생명체에 대해 완전한 정보를 제공합니다.

케냐산 국립공원과 천연림
Mount Kenya National Park-Natural Forest

국가: 케냐(Kenya) **등재 연도:** 1997년

아프리카에서 두 번째로 높은 케냐산은 산 정상이 울퉁불퉁한 빙하로 덮여 있고 산 중턱에 숲이 우거져 동아프리카에서 매우 웅장한 자연경관 중 하나로 손꼽힙니다. 또한 이곳의 아프리카 고산지대 식물군의 진화와 생태는 생태학적 과정의 훌륭한 사례를 보여 줍니다.

케올라디오 국립공원Keoladeo National Park

국가: 인도(India) **등재 연도:** 1985년

1850년대 인공적으로 조성된 뒤에 수로와 수문, 배수구를 갖춘 이곳은 아프가니스탄, 투르크메니스탄, 중국, 시베리아에서 날아오는 물새가 겨울을 보내는 곳으로 유명합니다. 희귀한 시베리아두루미(Siberian crane)를 비롯해 약 364종의 새가 이 공원에서 서식하는 것으로 보고되었습니다.

캐나다 로키산맥 공원의 재스퍼 국립공원의 가을 은하수와 선와타 폭포(Sunwapta Falls)

코모에 국립공원 Comoe National Park

국가: 코트디부아르(Cote d'Ivoire)
등재 연도: 1983년(2003년 위험에 처한 세계유산 등재)

공원을 가로지르는 코모에강 덕분에 열대우림이나 관목 사바나같이 훨씬 더 남쪽 지역에서만 발견할 수 있는 식물들이 자랍니다. 이처럼 서식지 유형이 다채로워 다양한 동식물이 넘쳐나는 곳으로 유명합니다.

코미 원시림 Virgin Komi Forests

국가: 러시아(Russian Federation) **등재 연도:** 1995년

유럽에 남아 있는 가장 넓은 원시 북방림(북극의 툰드라 남쪽 지역에 있는 북부 지방의 숲)입니다. 타이가(taiga, 한대 침엽수림) 지대의 생물 다양성에 영향을 미치는 자연 과정을 보여 주는 귀중한 증거입니다.

코이바 국립공원과 해양 특별 보호구역
Coiba National Park and its Special Zone of Marine Protection

국가: 파나마(Panama) **등재 연도:** 2005년

이 유산은 과학 연구를 위한 훌륭한 자연 실험실이며, 부어(浮魚, Pelagic fish)를 비롯해 해양 포유동물의 이동과 생존에 관련한 열대 동태평양과의 중요한 생태학적 연결 고리 역할을 합니다.

코코스섬 국립공원 Cocos Island National Park

국가: 코스타리카(Costa Rica) **등재 연도:** 1997년(2002년 확장)

열대 동태평양 지역에서 유일한 열대우림 섬입니다. 이곳은 수중 세계가 무척 아름다워 세계 각지의 다이버들이 즐겨 찾는 곳이며, 상어와 가오리 떼를 비롯해 참다랑어와 돌고래를 관찰하는 데 최적의 장소로 평가받고 있습니다.

퀸즐랜드 열대 습윤 지역 Wet Tropics of Queensland

국가: 호주(Australia) **등재 연도:** 1988년

주로 열대우림으로 이루어진 이 생태계에는 다양한 식물뿐만 아니라 희귀하고 멸종위기에 놓인 동식물종 등이 드넓게 분포하고 있습니다. 이곳은 지난 4억 1500만 년 동안 호주 동식물상의 생태와 진화 과정을 보여 주며, 살아 있는 기록으로서 귀중한 사례입니다.

크가리 K'gari

국가: 호주Australia) **등재 연도:** 1992년

120킬로미터 넘게 뻗은 이 섬은 세계에서 가장 큰 모래섬이며, 이름은 '낙원'을 뜻합니다. 예전에는 '프레이저섬(Fraser Island)'이라고 불렀지만 2023년 공식적으로 원주민의 이름을 되찾았습니다. 길게 뻗은 하얀 모래밭, 그 옆에 자리한 자연이 빚은 환상적인 색상의 모래 절벽들, 위풍당당하게 자란 열대우림, 수정처럼 맑은 물이 가득한 수많은 담수호가 이 섬의 특별한 매력을 뿜어냅니다.

타이 국립공원 Tai National Park

국가: 코트디부아르(Cote d'Ivoire) **등재 연도:** 1982년

서아프리카에 마지막 남은 열대 원시림 중 하나입니다. 이곳의 풍부한 자연 식물상과 함께 멸종이 우려되는 포유동물 피그미하마(Pygmy hippopotamus)와 11종의 원숭이는 과학계에서도 큰 관심을 받고 있습니다.

타지키스탄 국립공원 파미르산맥
Tajik National Park Mountains of the Pamirs

국가: 타지키스탄(Tajikistan) **등재 연도:** 2013년

남-서부 아시아, 중앙아시아 식물구계(세계 곳곳의 식물상을 비교하여 그 특징에 따라 몇 개 지역으로 나눈 구역)에 속하는 다양한 식물종이 있으며, 이 식물들은 국가적으로 희귀하고 멸종위기에 놓인 조류와 포유류의 보금자리가 되어 줍니다.

테 와히포우나무 공원
Te Wahipounamu - South West New Zealand

국가: 뉴질랜드(New Zealand) **등재 연도:** 1990년

광활한 뉴질런드 국토의 10퍼센트를 차지하는 이 공원은 사람의 손길이 거의 닿지 않은 땅으로 특별한 동식물이 있습니다. 육식 달팽이 '포웰리판타(*Powelliphanta*)'를 포함하여 곤드와나 대륙(Gondwanaland, 남반구의 대륙이 이전에는 하나의 대륙이었다는 가설 속의 엄청 큰 대륙)의 고대 식물상과 동물상이 지금까지도 잘 보존되어 있습니다.

테이데 국립공원 Teide National Park

국가: 스페인(Spain) **등재 연도:** 2007년

테이데는 대양도(Oceanic island, 처음부터 육지에서 멀리 떨어져 있는 섬)의 진화를 뒷받침하는 지질학적 과정에 관한 증거를 제공한다는 점에서 세계적으로 중요한 유산입니다.

톈산산맥 서부 지역 Western Tian Shan

국가: 카자흐스탄(Kazakhstan), 키르기스스탄(Kyrgyzstan), 우즈베키스탄(Uzbekistan) **등재 연도:** 2016년

해발고도 700미터에서 4,503미터에 이르는 톈산산맥 서부 지역은 매우 풍부한 생물 다양성을 지닌 다채로운 경관이 펼쳐지는 곳입니다. 수많은 작물의 원산지로 전 세계적 차원에서 중요하며, 매우 다양한 산림과 고유한 식물이 군락을 이루고 있습니다.

투르카나 호수 국립공원 Lake Turkana National Parks

국가: 케냐(Kenya) **등재 연도:** 1997년(2001년 확장)

아프리카의 거대한 호수들 가운데 가장 염분이 높고 세계에서 가장 큰 사막 호수로, 대체로 생기가 없이 건조한 외계 행성처럼 보이는 환경에 둘러싸여 있습니다. 나일악어(Nile crocodile)와 하마 그리고 다양한 독사의 번식지이기도 합니다. 포유류, 연체동물과 기타 화석이 풍부해 아프리카 대륙의 원시 환경을 이해하는 데 그 어떤 곳보다 크게 도움이 됩니다.

판징샨Fanjingshan

국가: 중국(China) **등재 연도:** 2018년

중국 남서부에 있는 이곳은 지질학적 특성과 기후적 특징에 따라 고유종 식물 46종, 고유종 척추동물 4종, 고유종 무척추동물이 245종으로 고유종의 수준이 매우 높습니다. 특히 멸종위기종이면서 오로지 판징샨에서만 사는 회색들창코원숭이와 판징샨전나무가 가장 주목받고 있습니다.

판타나우 보존 지구 Pantanal Conservation Area

국가: 브라질(Brazil) **등재 연도:** 2000년

세계에서 가장 큰 담수 습지 생태계 중 하나인 판타날 지역의 일부로 계절에 따라(우기) 물에 잠기는 초원, 습지와 호수, 육상 삼림 등 다양한 생태 소구역이 있습니다. 이곳에는 포유류 80종, 조류 650종, 파충류 50종, 어류 400종의 매우 다양한 동물이 살아갑니다.

포르토만: 피아나의 칼랑슈, 지롤라타만, 스캉돌라 자연 보호지역 Gulf of Porto: Calanche of Piana, Gulf of Girolata, Scandola Reserve

국가: 프랑스(France) **등재 연도:** 1983년

인상적인 반암(마그마가 식어서 굳은 암석 가운데 매우 잔 알갱이의 집합 속에 큰 결정이 들어 있는 화성암을 통틀어 이르는 말) 기암괴석으로 이루어진 스캉돌라반도에 자리 잡고 있습니다. 관목 식생을 보여 주는 뛰어난 사례이며, 갈매기, 가마우지와 바다수리를 만날 수 있습니다.

퐁냐케방 국립공원 Phong Nha-Ke Bang National Park

국가: 베트남(Viet Nam) **등재 연도:** 2003년(2015년 확장)

세계에서 가장 뛰어나고 잘 보존된 석회암 카르스트 생태계로 손꼽힙니다. 이곳은 육상·수상 서식지, 산림 자연재생 지역, 열대 밀림과 사바나 등을 비롯해, 무엇보다도 과학적으로 의미 있는 거대 동굴들이 장관을 이루고 있습니다.

푸눌룰루 국립공원 Purnululu National Park

국가: 호주(Australia) **등재 연도:** 2003년

이곳에는 데본기(Devonian) 사암(sandstone, 2밀리미터 이하의 모래 입자들이 쌓여 굳어진 암석)으로 이루어진 벌집 모양의 벙글벙글 산맥(Bungle Bungle Range, 모래가 떨어져 나가는 것을 의미)이 있습니다. 모두 2천만 년에 걸친 용해, 풍화, 침식의 지형학적 과정을 고스란히 담고 있습니다. 사암이 형성한 가장 대규모의 탑 카르스트(tower karst) 지형으로 유명하며, 주황색과 회색 띠가 번갈아 가며 줄무늬를 이루는 아름답고 놀라운 경관을 자랑합니다.

푸에르토프린세사 지하 강 국립공원
Puerto-Princesa Subterranean River National Park

국가: 필리핀(Philippines) **등재 연도:** 1999년

지하 강이 흐르는 장엄한 석회암 카르스트 경관을 자랑합니다. 지하 강의 가장 큰 특징은 바다에 곧바로 합류해 하류 지역이 조수의 영향을 받는다는 점입니다. 이 지역은 생물 다양성 보전을 위해 매우 중요한 서식지이기도 하며, '산에서 바다(mountain-to-sea)로 이어지는' 완벽한 생태계로 가득한 아시아에서 가장 중요한 삼림 지역 중 하나입니다.

푸토라나고원Putorana Plateau

국가: 러시아(Russian Federation) **등재 연도:** 2010년

거대한 북극 그리고 그곳과 가까운 지역의 경관은 지의류에 덮인 상태 그대로 남아 있으며, 이처럼 높은 위도에 독특한 숲이 형성되어 있습니다. 이 유산은 북극과 아북극의 다양한 생태계와 연관된 포괄적인 생태학적 과정과 생물학적 과정을 보여 줍니다.

퓌 산맥-리마뉴 단층 지역
Chaine des Puys - Limagne fault tectonic arena

국가: 프랑스(France) **등재 연도:** 2018년

판구조론의 5가지 주요 단계 중 하나인 대륙 분리 현상(열곡)을 보여 주는 뛰어난 사례입니다. 다양한 지질 구조와 독특한 배치는 전 지구적 차원의 지각변동 과정과 그 과정이 경관에 미친 크고 작은 영향을 뚜렷하게 보여 줍니다.

피린 국립공원 Pirin National Park

국가: 불가리아(Bulgaria) **등재 연도:** 1983년(2010년 확장)

빙하 호수, 폭포, 동굴과 주로 침엽수림이 있는 다양한 석회암 산악 풍경이 자랑입니다. 특히 피린산맥 남쪽의 석회암 지대는 다른 곳보다 고립된 덕분에 많은 생물종의 중요한 피신처가 되었습니다. 발칸반도 고유종 수목 86종, 불가리아 고유종 수목 17종, 지역 고유종 수목 18종을 포함해 불가리아의 식물 중 약 3분의 1인 1,315종의 식물이 있습니다. 또한 포유류 45종, 조류 159종, 양서류 8종, 파충류 11종, 어류 6종이 살아갑니다.

피통스 관리 지역 Pitons Management Area

국가: 세인트루시아(Saint Lucia) **등재 연도:** 2004년

바다에 나란히 솟은 두 개의 뾰족한 화산 봉우리[각각 해발 770미터(그로스 피통), 743미터(프티 피통스)]를 가리키며, 내륙 능선으로 두 봉우리가 연결되어 있습니다. 이 유산의 해양 면적에서 산호초가 거의 60퍼센트를 차지합니다. 한 연구 조사 결과에 따르면 168종의 어류, 산호를 포함한 해양 동물 116종이 살고 있습니다.

하이 코스트/ 크바르켄 군도
High Coast/ Kvarken Archipelago

국가: 핀란드(Finland), 스웨덴(Sweden)
등재 연도: 2000년(2006년 확장)

대체로 빙하의 후퇴와 빙하작용, 바다에서 새로운 땅이 나타나는 과정이 결합하여 이루어진 곳입니다. 지구 표면의 빙하와 육지 융기 지대가 형성되는 과정을 이해하는 데 중요한 기회를 제공합니다.

허드 맥도널드 제도Heard and McDonald Islands

국가: 호주(Australia) **등재 연도:** 1997년

화산이 활동 중인 유일한 아남극(남극 지역의 바로 북쪽. 대략 남위 46도에서 60도의 지역)의 섬으로, '지구를 배울 수 있는 곳'이라 할 만합니다. 따라서 현재 진행되는 지형 변화 과정과 빙하의 움직임을 관찰할 수 있는 곳입니다. 희귀한 원시 섬 생태계인 이곳은 외래 동식물이 전혀 들어온 적이 없고, 인간의 간섭을 거의 받지 않은 환경이라는 점에서 독특한 보존 가치가 있습니다.

헨더슨섬Henderson Island

국가: 영국(United Kingdom of Great Britain and Northern Ireland)
등재 연도: 1988년

생태계가 인간의 손에 훼손되지 않은 세계에서 몇 안 되는 산호섬 중 하나입니다. 고립된 섬은 특유의 진화와 자연선택 이론을 연구하는 데 이상적인 환경입니다. 특히 이 섬은 이곳에서만 자생하는 10종의 고유 식물과 4종의 육지 새로 잘 알려졌습니다.

황룽 자연경관 및 역사 지구
Huanglong Scenic and Historic Interest Area

국가: 중국(China) **등재 연도:** 1992년

황룽(黃龍, 황룡) 계곡은 전체 길이가 3.6킬로미터이며, 눈 덮인 산을 가로지르는 계곡이 마치 거대한 황금룡처럼 보여 붙인 이름입니다. 눈 덮인 봉우리들과 중국의 가장 동쪽에 있는 빙하들로 이루어졌습니다. 산의 경관 외에도 천 개가 넘는 석회 웅덩이를 포함하여 장엄한 석회암 지형, 폭포와 동굴, 온천과 함께 다양한 숲 생태계를 만날 수 있습니다.

후베이 선눙자Hubei Shennongjia

국가: 중국(China) **등재 연도:** 2016년

중국의 생물 다양성 중심지 3곳 중 하나입니다. 590종에 이르는 온대 식물을 포함하여 3,767종의 관다발식물이 서식하는 것으로 기록되었습니다. 이 가운데 205종의 식물종과 2개의 속이 이곳에서만 자라는 고유종이며 1,793종이 중국 고유종입니다. 이처럼 식물 연구의 역사상 독특한 특징을 지녔기에 19세기부터 20세기까지 국제적인 식물 채집 탐험대의 목적지이기도 했습니다.

훔볼트 국립공원Alejandro de Humboldt National Park

국가: 쿠바(Cuba) **등재 연도:** 2001년

복잡한 지질학적 구조와 지형이 다양한 곳입니다. 카리브해 지역에 보기 드문 다양한 생태계와 생물종이 생겨남으로써 지구상의 열대 섬 중 생물학적으로 가장 다채로우며, 척추동물과 무척추동물의 고유성도 매우 높은 편입니다. 1800년과 1801년에 섬을 찾은 독일 과학자(Alexander von Humboldt)의 이름을 따왔습니다.

히르카니아 숲Hyrcanian Forests

국가: 아제르바이잔(Azerbaijan), 이란(IranIslamic Republic of Iran)
등재 연도: 2019년

히르카니아 숲은 아제르바이잔과 이란의 카스피해를 따라 뻗어 있는 독특한 삼림지대입니다. 이 활엽수림의 역사는 2,500만 년에서 5,000만 년 전으로 거슬러 올라가며, 당시 북부 온대 지역 대부분을 덮고 있었습니다. 3,200종이 넘는 관속식물이 기록되어 있을 정도로 식물상 생물 다양성이 매우 풍부합니다.

W-아를리-펜자리 복합유산
W-Arly-Pendjari Complex

국가: 베냉(Benin), 부르키나파소(Burkina Faso), 니제르(Niger)
등재 연도: 1996년(2017년 확장)

서아프리카의 3개국(니제르, 부르키나파소, 베냉)에 걸쳐 있는 공원으로, 서아프리카 삼림지대와 사바나 생물 지역의 중요한 생태계 특성을 반영합니다.

찾아보기 세계의 자연유산에서 살아가는 생물 가운데 이 책에 자료사진이 실린 멸종위기종을 중심으로 정리했습니다. 우리 어린이들이 멸종위기에 놓인 생물에 많은 관심을 기울이길 바랍니다.

사진 출처

25쪽 위 동그라미 Rickard Zerpe / https://en.wikipedia.org (CC BY 2.0)
아래 왼쪽 Matt Wright / https://en.wikipedia.org (CC BY 2.5)
가운데 Jerry Kirkhart / https://en.wikipedia.org (CC BY 2.0)
30쪽 아래 왼쪽 Amada44 / https://en.wikipedia.org (CC BY 3.0)
아래 오른쪽 Roweromaniak / https://en.wikipedia.org (CC BY-SA 2.5 pl)
31쪽 위 Ikiwaner / https://en.wikipedia.org (GNU 1.2)
34쪽 아래 Renato Augusto Martins / https://en.wikipedia.org (CC BY-SA 4.0)
43쪽 위 왼쪽 Liné1 / https://en.wikipedia.org (CC BY-SA 3.0)
51쪽 아래 왼쪽 Elwood P. Dowd / https://en.wikipedia.org (CC BY-SA 4.0)
아래 오른쪽 Roger Culos / https://en.wikipedia.org (CC BY-SA 4.0)
53쪽 아래 왼쪽 Frank Schulenburg / https://en.wikipedia.org (CC BY-SA 4.0)
아래 오른쪽 Mwinog2777 / https://en.wikipedia.org (CC BY-SA 4.0)
57쪽 위 왼쪽 JJ Harrison / https://en.wikipedia.org (CC BY-SA 4.0)
위 오른쪽 Jason Thompson / https://en.wikipedia.org (CC BY 2.0)
아래 오른쪽 Swaroopsingharoy / https://en.wikipedia.org (CC BY-SA 4.0)
80쪽 아래 Ian Duffy / https://en.wikipedia.org (CC BY 2.0)
82쪽 위 동그라미 Lin Padgham / https://en.wikipedia.org (CC BY 2.0)
아래 Jerzy Strzelecki / https://en.wikipedia.org (CC BY 3.0)
87쪽 아래 왼쪽 K Hari Krishnan / https://en.wikipedia.org (CC BY-SA 3.0)
95쪽 가운데 EnterFraiser / https://en.wikipedia.org (CC BY-SA 4.0)
104쪽 아래 오른쪽 S Molteno / https://en.wikipedia.org (CC BY-SA 4.0)
105쪽 위 오른쪽 Michael Bakker Paiva / https://en.wikipedia.org (CC BY-SA 4.0)
120쪽 아래 지도 Fobos92 / https://en.wikipedia.org (CC BY-SA 4.0)
121쪽 가운데 Giles Laurent / https://es.wikipedia.org (CC BY-SA 4.0)
129쪽 위 오른쪽 Stephen Michael Barnett / https://en.wikipedia.org (CC BY 2.0)
132쪽 아래 Bernard DUPONT / https://en.wikipedia.org (CC BY-SA 2.0)
134쪽 동그라미 Snakes3yes / https://en.wikipedia.org (CC BY 2.0)
135쪽 아래 오른쪽 Michael Bakker Paiva / https://en.wikipedia.org (CC BY 4.0)
139쪽 가운데 오른쪽 Fabrício Oda / https://en.wikipedia.org (CC BY-SA 4.0)
가운데 왼쪽 Felipe Gomes / https://en.wikipedia.org (CC BY-SA 2.5)
142쪽 위 오른쪽 Lip Kee Yap / https://en.wikipedia.org (CC BY-SA 2.0)
153쪽 위 왼쪽 T. R. Shankar Raman / https://en.wikipedia.org (CC BY-SA 3.0)
오른쪽 Kandukuru Nagarjun / https://en.wikipedia.org (CC BY 2.0)
아래 Mike Prince / https://en.wikipedia.org (CC BY 2.0)
156쪽 위 오른쪽 MPF / https://en.wikipedia.org (CC BY-SA 3.0)
아래 Chris Down / https://en.wikipedia.org (CC BY 4.0)
157쪽 아래 DickDaniels / https://en.wikipedia.org (CC BY-SA 3.0)
160쪽 위 왼쪽 Rod Waddington / https://en.wikipedia.org (CC BY-SA 2.0)
가운데 Donald Macauley / https://en.wikipedia.org (CC BY-SA 2.0)
161쪽 아래 Rod Waddington / https://en.wikipedia.org (CC BY-SA 2.0)
164쪽 아래 오른쪽 Charles J. Sharp / https://en.wikipedia.org (CC BY-SA 4.0)
165쪽 위 오른쪽 ©Gunnar Pettersson / www.wildlifepictures.se
가운데 N A Nazeer / https://en.wikipedia.org (CC BY-SA 2.5 IN)
168쪽 위 오른쪽 Colegota / https://en.wikipedia.org (CC BY-SA 2.5 ES)
174쪽 위 오른쪽 Francesco veronesi / https://www.flickr.com (CC BY-SA 2.0)
199쪽 가운데 오른쪽 Grigory Heaton / https://en.wikipedia.org (CC BY-SA 4.0)
202쪽 아래 Copernicus Sentinel-2, ESA / https://en.wikipedia.org (CC BY-SA 3.0 IGO)
204쪽 아래 왼쪽 JeffreyGammon / https://en.wikipedia.org (CC BY 4.0)
아래 가운데 Joseph C Boone / https://en.wikipedia.org (CC BY-SA 3.0)
아래 오른쪽 HblairH / https://en.wikipedia.org (CC BY-SA 4.0)
213쪽 아래 왼쪽 Milton Omar Córdova Neyra / https://en.wikipedia.org (CC BY-SA 3.0)
261쪽 아래 오른쪽 Lip Kee Yap / https://en.wikipedia.org (CC BY-SA 2.0)
267쪽 가운데 AWeith / https://en.wikipedia.org (CC BY-SA 4.0)
275쪽 위 오른쪽 Matt Berger / https://en.wikipedia.org (CC BY 4.0)
281쪽 가운데, 아래 Rushenb / https://en.wikipedia.org (CC BY-SA 4.0)
296쪽 가운데 Tom Doeppner / https://en.wikipedia.org (CC BY-SA 3.0)
297쪽 아래 오른쪽 Albert kok / https://en.wikipedia.org (CC BY-SA 3.0)
300쪽 아래 Rushen / https://en.wikipedia.org (CC BY-SA 2.0)
301쪽 위 오른쪽 Francesco Veronesi / https://en.wikipedia.org (CC BY-SA 2.0)
305쪽 위 Charles J. Sharp / https://en.wikipedia.org (CC BY-SA 4.0)
309쪽 아래 오른쪽 Josuevg / https://en.wikipedia.org (CC BY-SA 4.0)
316쪽 위 Aimee Valencia / https://en.wikipedia.org (CC BY 4.0)
324쪽 위, 아래 2컷 ©지성사
325쪽 위, 가운데, 아래 2컷 ©지성사

※출처를 밝히지 않은 사진과 그림은 Shutterstock.com에서 제공받거나 자유 이용 저작물입니다.